Georg Grandaur

Chronik von Sanct Peter zu Erfurt 1100-1215

Georg Grandaur

Chronik von Sanct Peter zu Erfurt 1100-1215

ISBN/EAN: 9783743326378

Hergestellt in Europa, USA, Kanada, Australien, Japan

Cover: Foto ©ninafisch / pixelio.de

Manufactured and distributed by brebook publishing software
(www.brebook.com)

Georg Grandaur

Chronik von Sanct Peter zu Erfurt 1100-1215

Die Geschichtschreiber

der

deutschen Vorzeit

in deutscher Bearbeitung

unter dem Schutze

Sr. Maj. des Königs Friedrich Wilhelm IV. von Preußen

herausgegeben von

G. H. Pertz, J. Grimm, K. Lachmann, L. Ranke, K. Ritter.

Fortgesetzt

von

W. Wattenbach.

—

Zwölftes Jahrhundert. Band IV.
Chronik von St. Peter zu Erfurt.

—◆—

Leipzig,
Verlag von Franz Duncker.
1881.

Chronik

von

Sanct Peter zu Erfurt

1100—1215.

Uebersetzt

von

G. Grandaur.

Leipzig,
Verlag von Franz Duncker.
1881.

Einleitung.

Die Chronik von Sanct Peter zu Erfurt ist uns lediglich in zwei verhältnißmäßig ziemlich neuen Abschriften aus dem sechzehnten Jahrhundert erhalten[1]), deren eine, von welcher Stübel[2]) eine Ausgabe veranstaltet hat, sich in der königlichen Bibliothek zu Göttingen, die andere, publicirt von Menken[3]), in der königlichen Bibliothek zu Dresden befindet — letztere nach Stübel[4]) eine mitunter mangelhafte Copie der ersteren.

Geschrieben im Sanct-Peters-Kloster zu Erfurt[5]) beginnt sie, wie fast alle Geschichtswerke des Mittelalters mit den ersten christlichen Zeiten und ist fortgeführt bis zum Jahre 1355.

So wie sie uns vorliegt, erscheint sie als eine compilatorische Arbeit, deren Quellen uns theilweise verloren gegangen sind, und ist dies insbesondere bezüglich der Jahre 1100 bis 1215 der Fall, welche hier in Uebersetzung gegeben werden.

Es wird wohl mit Grund angenommen, daß gleichzeitig niedergeschriebene, uns aber nicht mehr erhaltene Jahrbücher von Sanct

---

1) Stübel in Erfurter Denkmäler 1. — 2) a. a. O. — 3) Script. rer. Germ. III. 201—344. — 4) a. a. O. 1 flg. — 5) Als erster Abt des Klosters nach dem großen, auch von unserer Chronik berichteten Brande im Jahre 1080 erscheint Giselbert, welcher 1101 im heiligen Lande starb. Unter seinem Nachfolger Burchard wurde 1103 mit dem Neubau einer Kirche auf dem Petersberge begonnen und im Jahre 1147 Kirche und Kloster feierlich eingeweiht.

Peter der Darstellung zu Grund liegen [1]), beziehungsweise „ganz in dieselbe übergegangen und uns hier erhalten sind".[2])

Von den Worten: „Ein gewisser Otto" des Jahres 1125 bis zu den Worten: „königlich begraben" des Jahres 1137 ist unsere Chronik bis auf wenige, vielleicht bei einer späteren Ueber=arbeitung gemachte Zusätze[3]) gleichlautend mit der von Pertz[4]) als Annales Erphesfurdenses und von Böhmer[5]) als Annales Im-periales Lothariani herausgegebenen Regierungsgeschichte Kaiser Lothars, welche sich auch schon als Anhang der Chronik Ekkehards von Aura findet.[6])

Während nun Pertz[7]) und auch noch Stübel[8]) der Ansicht waren, daß diese Aufzeichnungen „vollständig in das Sanpetrinum übergegangen wären, ist die gerade entgegengesetzte Meinung zu Geltung gelangt[9]), daß nämlich nicht die Chronik die genannten Aufzeichnungen aufgenommen hat, sondern daß vielmehr diese der Chronik, beziehungsweise der älteren verloren gegangenen Quelle entnommen sind.

Ebenso verhält es sich mit den kürzeren Jahrbüchern von Sanct Peter zu Erfurt[10]), welche nicht, wie Pertz meinte[11]), den ursprünglichen Kern unserer Chronik bilden, sondern ein Auszug der älteren, verloren gegangenen Jahrbücher sind.[12])

An Nachrichten über das eigene Haus bringt uns die Chronik den jeweiligen Abtswechsel[13]), und fehlt hier nur der Abgang des

---

1) Posse in Forsch. XIII, 333—350 und Wattenbach, Deutsch. Gesch.quell. II, 177. — 2) Giesebrecht, Kaiserzt. IV, 388 und Forsch. XIII, 647. — 3) s. d. J. 1126, 1127, 1130, 1136. — 4) M. G. S. S. VI, 536—541. — 5) Fontes III, 574—581 — 6) Giesebrecht, Kaiserzt. a. a. O. Wattenbach a. a. O. 170. — 7) M. G. l. c. 536. — 8) a. a. O. 3. — 9) Giesebrecht a. a. O. Wattenbach a. a. O. — 10) Ann. S. Peter. Ephesf. M. G. S. S. XVI, 15—20. — 11) M. G. l. c. 15. — 12) Giesebrecht und Wattenbach a. a. O. — 13) s. d. J. 1100, 1103, 1116, 1127, 1138, 1142, 1147, 1172, 1193, 1201.

1193 erwählten Abtes Ditmar und die Wahl seines Nachfolgers
Hugo, welcher 1201 resignirte, die Grundsteinlegung zu einer neuen
Kirche auf dem Petersberge [1]), die Einweihung von Kirche und
Kloster [2]), eine von Abt Wernher I. ausgeführte Wasserleitung auf
den Petersberg [3]) und endlich den Bericht über einen Ueberfall
und Plünderung des Klosters. [4])

Sonstige Localnachrichten giebt sie uns in Berichten über
Schadenfeuer zu Erfurt [5]), über ein paar Fehden mit den Land=
grafen Ludwig II. und Ludwig III. von Thüringen [6]), eine, wie
es scheint, keine politische Unterlage habende Rauferei zu Erfurt [7])
und über den Einsturz eines Gebäudes daselbst, wobei mehrere
darin versammelte Edle den Tod fanden. [8])

Im Uebrigen ist sie mehr Reichs = als Local=Geschichte und
wird bei ihrer Darstellung eine bestimmte politische Richtung oder
Parteinahme nicht erkennbar.

Ab und zu läßt sie sich Verstöße gegen die Chronologie und
sonstige kleine Ungenauigkeiten zu Schulden kommen [9]), welche in
den Anmerkungen unter theilweiser Angabe der einschlägigen Ge=
schichtsquellen berichtigt wurden.

Der lateinische Text ist mitunter sehr schwülstig und ver=
worren und konnte daher, wenn die Uebersetzung noch deutsch und
überhaupt verständlich sein sollte, nicht immer ganz wörtlich über=
setzt werden.

---

1) s. d. J. 1103. — 2) s. d. J. 1147. — 3) s. d. J. 1136. — 4) s. d. J. 1198. —
5) s. d. J. 1142, 1175, 1178, 1213. — 6) s. d. J. 1165 u. 1179. — 7) s. d. J. 1141. —
8) s. d. J. 1184. — 9) s. d. J. 1004, 1005, 1111, 1112, 1115, 1127, 1129, 1130,
1132, 1134, 1135, 1136, 1137, 1139, 1147, 1152, 1163, 1166, 1168, 1171, 1174, 1176, 1177,
1178, 1180, 1181, 1184, 1186, 1191, 1192, 1197, 1207, 1208, 1213, 1214, 1215.

Bezüglich der Schreibweise von Personen= und Orts=Namen wurde dasselbe Verfahren beobachtet, wie bei der Uebersetzung der Jahrbücher von Augsburg und wird daher auf das dort in der Einleitung Gesagte Bezug genommen.

Neuburg a. d. D., im Juli 1880.

Grandaur, Major a. D.

Chronik von Sanct Peter.

1100. Giselbert, Abt zu Erfurt[1]), führte seinen schon längst gehegten Wunsch einer Pilgerschaft aus Liebe zum Herrn aus, ging nach Jerusalem und nachdem er den Platz angebetet hatte, wo die Füße des Herrn gestanden, unterwarf er sich aus Liebe zu dessen heiligster Mutter derselben im Thale Josaphat zu regelmäßiger Lebensart und Dienstleistung; und nachdem er ein Jahr daselbst in treuem Dienste zugebracht und noch am Tage seiner Auflösung das heilige Meßopfer gefeiert hatte, wanderte er am 1. October glücklich zum Herrn.

Im Jahre des Herrn 1101 erlangte Graf Heinrich[2]), welcher fett war, die Gnade des Kaisers und der Kaiser selbst übergab ihm die Mark der Friesen. Als er sich nun sofort mit seiner Gemahlin dahin begab, wurde er selbst mit einer Lanze durchstochen und aus dem Schiffe geworfen und so getödtet, sie aber entkam mit Noth.[3])

---

1) Unter „abbas Erphesfurdensis" ist in unsrer Chronik stets der Abt des Sanct Peters-Klosters in Erfurt zu verstehen (Stübel a. a. O. 13. A. 1). — 2) Heinrich der Fette war ein Sohn des 1070 des Herzogthums Bayern entsetzten Otto von Nordheim und der Vater der nachmaligen Kaiserin Richlza. Er wurde, weil er sich Grafschaften aneignen wollte, welche früher zum Bisthum Utrecht gehörten, von den Rittern des Bischofs und von gemeinen Friesen, „denen das Joch seiner Herrschaft schwer war", getödtet. — 3) Bis auf die Beisätze: „welcher fett war" und: „mit einer Lanze durchstochen und aus dem Schiffe geworfen" gleichlautend mit den Jahrbüchern von Hildesheim zum Jahre 1101.

Der Kaiser feierte Ostern zu Lüttich. Sein jüngerer Sohn[1]) empfing das Schwert.[2])

Im Jahre des Herrn 1103 am 8. Februar wurde Burchard Abt zu Erfurt. Von ihm wurde in demselben Jahre auf dem Berge dieses Ortes die Kirche der heiligen Apostel Petrus und Paulus gegründet.

Im Jahre des Herrn 1104 beschloß Kaiser Heinrich mit seinem Sohne, dem jungen Heinrich, welcher bereits König war, die nächste Geburt des Herrn in Sachsen zu feiern und kamen beide im Advent[3]) nach Fritzlar, um sich an den bestimmten Ort zu begeben; da aber unversehens Uneinigkeit zwischen ihnen entstanden, gingen sie auseinander.[4]) Der Kaiser kehrte nach Franken zurück und feierte Weihnachten am Rhein. Der Sohn, dessen Gemüth die Begierde, das Reich zu erlangen, keine Ruhe läßt, zieht in Ost-Franken und Bayern unstät hier- und dorthin, und bringt so Viele, als möglich durch Lockungen auf seine Seite. Cuno Graf von Bichelingen wurde getödtet.[5])

Im Jahre des Herrn 1105 schickte Kaiser Heinrich nach der Geburt des Herrn Gesandte an seinen Sohn, indem er sich mit demselben aussöhnen wollte; dieser aber, der, wie es später an den Tag kam[6]) ganz Anderes im Sinne hatte, wies Alles von der Hand und beschloß, ihn[7]) und Alle, welche es mit ihm hielten, zu verfolgen. Darauf verfloß nicht viel Zeit bis alle Großen des Reiches die Partei des Jünglings ergriffen und sich insgesammt gegen den genannten Kaiser verschworen. Denn er war ihnen auch schon von früher her verhaßt, weil begründete und unbegründete Gerüchte viel Abscheuliches und Gottloses über ihn ausgestreut hatten. Dazu kam noch, daß er ein- und zweimal von aposto-

---

1) Heinrich. — 2) Von: „Der Kaiser" bis: „Schwert" gleichlautend mit den Jahrbüchern von Magdeburg zum Jahre 1101. — 3) Am 12. Dezember. — 4) Näheres hierüber in den Jahrbüchern von Augsburg 34, N. 5. — 5) Cuno, Graf von Bichelingen (Beichlingen), war der jüngste von den drei Söhnen Otto's von Nordheim. Abt Ekkebard, welcher eine sehr vortheilhafte Schilderung von ihm entwirft, setzt seinen Tod in das Jahr 1103. Ueber den Grund seiner Ermordung verlautet in gleichzeitigen Quellen nichts. — 6) declaruit im lat. Text ist vermuthlich ein Versehen für claruit. — 7) Den Vater.

lischen Männern excommunicirt war. Indem sich also ein gewisser Gebehard, Bischof von Constanz und apostolischer Legat, dazu an die Spitze stellte und das Werk, welches sich vollzog, ein heiliges und gerechtes nannte, wurde der Jüngling, von welchem die Rede ist, um die Zeit des Palmtages[1]) von den Thüringern und Sachsen auf den Thron gesetzt, in Erfurt mit großer Freude aufgenommen und in Quedlinburg Ostern[2]) von ihm gefeiert. Die mit dem excommunicirten Vater Gemeinschaft gepflogen, werden losgesprochen, überall ein neuer Zustand begründet, die vertriebenen Bischöfe allenthalben wieder ein=, andere[3]) dagegen abgesetzt. Endlich wird ein Tag für die Besprechung zwischen Vater und Sohn bestimmt. Als man zusammen gekommen war, wird der Kaiser von seinem Sohne der Reichskleinodien beraubt und bald darauf verhaftet und in's Gefängniß geworfen.[4]) Diesem entzog sich derselbe und entwich nach Lüttich,[5]) indem er auf seiner Flucht Allen, welchen er konnte, das ihm angethane Unrecht klagte. Der Sohn mit den Fürsten des ganzen Reichs verfolgt ihn, belagert Köln, welches zu ihm hielt, und läßt nicht eher von der Verfolgung und Belagerung ab, als bis ihm der Tod des Vaters gemeldet wird. Nachdem er dies erfahren, befiehlt er den Leichnam nach Speyer zu bringen, erlaubte aber nicht, denselben in das Grab zu legen, wie er denn auch jene, welche aus Menschenpflicht bei der Leichenfeier mit gewirkt, schwer und nur gegen Erlegung von Geld wieder zu Gnaden aufnahm. Endlich, als er

---

1) 2. April. — 2) 9. April. — 3) Die Kaiserlichgesinnten. — 4) Von den Jahrbüchern von Hildesheim, wie in der Lebensbeschreibung Heinrichs IV. wird übereinstimmend berichtet, daß die Unterredung zwischen Vater und Sohn auf dem linken Moselufer stattfand, während der Kaiser selbst in einem Briefe an König Philipp von Frankreich Coblenz als Ort der Unterredung angiebt. Uebereinstimmend erzählen der Kaiser wie sein Biograph, daß von Coblenz aus Vater und Sohn scheinbar versöhnt gen Mainz gezogen, daß aber ersterer, nachdem er den größeren Theil seines Gefolges entlassen, der Sohn dagegen sich bedeutend verstärkt hatte, von Bingen aus unter trüglichen Vorspiegelungen nach der benachbarten Burg Böckelheim — südwestlich von Kreuznach — gebracht, hier vollends von seinem Gefolge getrennt und als Gefangener gehalten worden sei. Die Auslieferung der Reichskleinodien fand erst nach Weihnachten statt. — 5) Das über die Flucht und den Tod des Kaisers Gesagte gehört dem Jahre 1106, das Folgende einer noch späteren Zeit an.

1 *

das ganze Reich erlangt hatte, fing er an, nach hohen Dingen zu
streben, riß Landgüter und Schlösser, wie und von wem er konnte,
an sich, gab sich den Schein des Großen und Erhabenen, kümmerte
sich aber um Kleines und Geringstes, erhob Unedle, ließ Edle und
Mächtige ungehört, nachdem er ihnen ihre Güter und sonstiges
Vermögen abgesprochen, gefangen und gefesselt abführen und unter
Anderen hielt er selbst vom Apostolicus seine Hände nicht unschul=
dig zurück.

Im Jahre des Herrn 1106 starb Kaiser Heinrich der Aeltere
zu Lüttich.[1])

Im Jahre des Herrn 1109 starb der Mainzer Erzbischof
Ruthard.

Im Jahre des Herrn 1110 unternahm König Heinrich, nach=
dem er ein großes Heer aus dem ganzen Reiche gesammelt hatte,
um die Geburt der heiligen Maria[2]) eine Heerfahrt nach Longo=
bardien. Daselbst blieb er auch beinahe ein ganzes Jahr, unter=
warf sich diejenigen, welche sich gegen ihn empört, und brachte mit
Plündern, Verwüsten und Brennen großes Elend über das Land.[3])

Im Jahre des Herrn 1111 zog der vorgenannte König
Heinrich bei demselben Feldzuge und im Kreislaufe desselben Jah=
res[4]) am 12. Februar[5]) mit einem Heere, das seine Harnische
und Waffen verborgen hielt, in Rom ein und wurde vom Papst
Paschalis sowie vom Klerus und Volk mit großer Ehre und Freude
empfangen; es war auch eidlich und schriftlich festgesetzt, und von
beiden Seiten Geißeln darauf gegeben, daß er an eben diesem

---

1) Am 7. August. — 2) 8. September. — 3) König Heinrich selbst überschritt mit
einem Theile des Heeres den großen Sanct Bernhard, während der andere Theil durch
das Thal von Trient zog. Novara, welches dem Könige den Gehorsam versagte, wurde
erobert und zerstört und auch vom anderen Theile des Heeres wurden unterwegs „einige
Burgen" gebrochen. Zu weiteren Feindseligkeiten in Longobardien kam es nicht mehr.
Auf den roncalischen Feldern vereinigten sich beide Heerestheile und kamen nach einem
beschwerlichen Marsch über den Montbardone kurz vor Weihnachten nach Florenz. —
4) Nämlich vom 8. September 1110 an gerechnet. — 5) Nach Angabe der römischen
Jahrbücher, welche über die Verhandlungen zwischen dem König und dem Papste und
die der Kaiserkrönung vorangehenden Ereignisse ausführlich berichten, kam König Heinrich
am 11. Februar nach Rom und war für den 12. die Krönungsfeierlichkeit in Aussicht
genommen.

Tage als Kaiser gekrönt werden solle unter der Bedingung, daß er behufs Ausrottung der simonistischen Ketzerei, welche kurz vorher zu den Zeiten seines Vaters schlimm fortwuchernd alle Theile des Reiches befleckt hatte, sich künftig auf keine Weise in geistliche und kirchliche Angelegenheiten einmische, daß nur die königlichen Rechte ihm zugestanden und er sich damit begnügen würde. Aber er selbst, als er in den Tempel der Apostel eintrat, verhärtete sein Herz gegen das, was er kurz vorher versprochen, führte den apostolischen Herrn mit den meisten Cardinälen gefangen hinweg und veranlaßte Menschenmord. Verschiedene Kirchen wurden geplündert, die geheiligten Gewänder und Kreuze hinweggenommen und vieles Andere vollbracht. Endlich nach der nächsten Osterfeier, am 9. April [1]), machte ihn der Papst, er mochte wollen oder nicht, mit Außerachtlassung des früher Zugesagten und Beschworenen durch Ertheilung seines Segens zum Kaiser.

Im Jahre des Herrn 1112 wurde der Kanzler Adelbert als Bischof von Mainz eingesetzt.[2]) Hermann, der Sohn des Grafen Ludewig, und Friderich, sein mütterlicher Bruder, werden in der Burg Thuchure[3]) belagert und ergaben sich am 6. Juni einem gewissen Hoger[4]), werden gefangen weggeführt und auf Befehl König Heinrichs in's Gefängniß geworfen.[5]) Aber Friderich wird nach zwei Jahren ausgelöst. Hermann, nachdem er zwei Jahre und darüber im Gefängnisse zugebracht, stirbt erbärmlicher Weise am 13. Juli auf der Burg Hammerstein als Gefangener.

1113. Graf Ludewig[6]) stellte sich am Tage der Himmelfahrt Mariä[7]) in der Stadt Dortmund freiwillig dem Kaiser Heinrich,

---

1) Vielmehr am 13. April. — 2) Wie uns die Jahrbücher von Hildesheim und andere gleichzeitige Quellen berichten, wurde Adelbert bereits am 15. August 1111 „in Anwesenheit und mit Beistimmung des Kaisers durch einstimmige Wahl der Kirche zum Mainzer Erzbischof erhoben." — 3) Teuchern, zwischen Weißenfels und Zeitz. — 4) Hoyer Graf von Mannsfeld, des Kaisers Feldherr. — 5) Friderich und Hermann waren Söhne der Gräfin Adelheid von Stade, welche in erster Ehe mit dem Pfalzgrafen Friderich dem Aelteren von Putelendorf, in zweiter mit Ludewig dem Aelteren Grafen von Thüringen vermählt war. Als Neffen des nordischen Markgrafen Rudolf von Stade hatten sie sich, wie es scheint, an der Empörung desselben wider den Kaiser betheiligt (Giesebr. Kaiserzt. III, 836). — 6) Der Aeltere. — 7) 15. August.

um deſſen Gnade wieder zu erlangen; er[1]) behielt ihn einige
Zeit im Gefängniſſe, bis er die Burg, welche Wartberg[2]) ge=
nannt wird, in ſeine Gewalt bekam. Darauf erlaubte er ihm
in böſer Abſicht, wie ſich ſpäter zeigte[3]), zu gehen. Pfalzgraf
Sigefrid[4]), ſchwer verwundet, ſtarb und Wigbert, von einem ge=
wiſſen Hoger gefangen, wird dem königlichen Gefängniſſe zur Auf=
bewahrung übergeben.

1114. Kaiſer Heinrich feierte die Geburt des Herrn zu Bamberg.
Am Tage nach der Erſcheinung des Herrn[5]) aber feierte er zu
Mainz ſeine Hochzeit, bei der er ſich mit der Tochter des Königs
der Engländer[6]), Namens Machthilda, verband. Dieſer Verbin=
dung wohnten viele Fürſten des Reiches ohne Freude bei und viele
derſelben entfernten ſich auch ohne Erlaubniß. Auch Graf Ludewig
war gegenwärtig, und obgleich ihm der Kaiſer kurz vorher alles
Gute verſprochen, wurde er bei der Hochzeit ſelbſt in's Gefängniß
geworfen. [7])

1115. König Heinrich kämpfte am 10. Febr.[8]) mit den Sach=
ſen[9]) am Welfesholze[10]) und wurde beſiegt. Bei Goslar wurde eine
große Verſammlung von Biſchöfen und Fürſten unter Theoderich,
Cardinal der heiligen römiſchen Kirche, veranſtaltet.[11]) In der
Stadt Mainz entläßt der König, von den Bürgern, welche ſich mit
Arnold, dem Grafen derſelben Stadt zuſammenſchaaren, gezwungen

---

1) Der Kaiſer. — 2) Wartburg, ſüdlich von Eiſenach. — 3) Ludewig wurde im
darauf folgenden Jahre auf's Neue verhaftet (ſ. d. J. 1114). — 4) Sigefrid von Ballenſtedt,
Pfalzgraf am Rhein, glaubte ſich nach dem 1112 erfolgten Tode Ulrichs des Jüngeren von
Weimar, mit welchem er durch ſeine Mutter verwandt war, in ſeinen Erbanſprüchen
durch den Kaiſer verkürzt und empörte ſich, wobei er unter Anderen die Grafen Ludewig
den Aelteren von Thüringen und Wigbert den Aelteren von Groitzſch zu Genoſſen hatte.
— 5) 7. Januar. — 6) Heinrich I. — 7) Vergl. das J. 1113. — 8) Vielmehr am 11. —
9) Der Kaiſer hatte Weihnachten zu Goslar gefeiert und dahin Herzog Lothar von
Sachſen, Biſchof Reinhard von Halberſtadt, den Pfalzgrafen Friderich den Aelteren von
Sommerſchenburg und den Markgrafen Rudolf von Stade, deren Treue verdächtig ge=
worden war, vorladen laſſen. Da ſie ſich nicht ſtellten, begann er die Feindſeligkeiten
mit der Beſetzung von Braunſchweig und der Verwüſtung von Halberſtadt. — 10) Nörd=
lich von Mannsfeld. Die Kaiſerlichen belagerten Orlamünde; die Aufſtändiſchen woll=
ten den Platz entſetzen und ſtießen unterwegs auf den Kaiſer. — 11) Am 8. September.
Die bereits im Herbſte 1112 zu Vienne ausgeſprochene Excommunication des Kaiſers
wurde zu Goslar beſtätigt.

den Mainzer Bischof aus dem Gefängnisse.[1]) Theoderich, Cardinal der heiligen römischen Kirche, starb und wird im Münster des heiligen Apostel Petrus zu Köln[2]) begraben.

1116. Der König zog nach Italien.[3])

Burchard, Abt zu Erfurt, wurde von Adelbert, dem Mainzer Bischofe, der Abtswürde entsetzt und kam Ripert an seine Stelle. Graf Ludewig wurde am 28. September aus dem königlichen Gefängnisse entlassen, in welchem er schon zwei Jahre und neun Monate eingeschlossen war[4]), indem er daselbst anstatt seiner acht seiner Geißeln zurückließ.

Am 3. Januar 1117 vor Sonnenuntergang ereignete sich ein großes Erdbeben, der Mond, in Blut verwandelt, schien sich zu verfinstern. Gertrud, die Wittwe des Markgrafen Heinrich, [5]) starb. In Schwaben ereignete sich etwas Furchtbares; die Erde warf nämlich Blasen wie Häuser auf, die plötzlich barsten und in den Abgrund fielen. Auch erschien die Luft mit Blut gemischt.

Papst Paschalis II. starb 1118 [6]), für ihn wurde Gelasius, der auch Johannes heißt, eingesetzt.[7]) Dieser wurde bald von den Ketzern vertrieben und kam fliehend mit den Seinigen nach Gallien. Ein großes Concil wurde zu Köln unter dem Cardinal der heiligen römischen Kirche, Cuno, Bischof von Präneste, versammelt. Ebenso ein anderes Concil unter eben demselben zu Fritzlar.[8]) Die

---

1) Erzbischof Adelbert war bereits im Jahre 1112 unter der Anschuldigung mehrfacher Untreue und eines Anschlages auf das Leben des Kaisers von diesem gefangen genommen. — 2) d. i. der Domkirche. — 3) Laut einer aus Augsburg und einer anderen aus Benedig datirten Urkunde fällt der Zug über die Alpen in die Zeit vom 15. Februar bis zum 12. März. — 4) Vergl. das J. 1114. — 5) Gertrud, die Tochter Elbert des Aelteren von Braunschweig, Markgrafen von Meißen, war in erster Ehe an den Grafen Theoderich den Jüngeren von Ratelenburg, in zweiter an Heinrich den Fetten, Markgrafen von Frießland, und in dritter an Heinrich den Aelteren von Eilenburg, Markgrafen von Meißen und der Lausitz, vermählt. — 6) Am 21. Januar. — 7) Johannes war Kanzler des verstorbenen Papstes. Er wurde am 24. Januar erwählt und nahm als Papst den Namen Gelasius an. — 8) Auf beiden Kirchenversammlungen — die zu Köln unbekannten Datums, die zu Fritzlar am 28. August abgehalten — wurde wiederholt der Kirchenbann über den Kaiser, welcher dem kanonisch gewählten Papste Gelasius einen Gegenpapst in der Person des Erzbischofs Moriz von Braga unter dem Namen Gregor VIII. entgegengesetzt hatte, verhängt und außerdem zu Köln auch Herzog Friderich von Schwaben, sein Bruder Conrad und der rheinische Pfalzgraf Godefrid von Calw gebannt.

Sachsen nehmen mit den Bürgern der Stadt Mainz die Burg Oppenheim[1]) gewaltsam ein und zerstören sie, und da die Flammen von allen Seiten zusammenschlagen, gehen bei zweitausend Menschen beiderlei Geschlechtes zu Grund. Auch die Burg Cophese[2]), welche den Menschen verhaßt war, wurde durch die große Tapferkeit der Sachsen mit Mühe und nicht ohne den Tod Vieler und die Verwundung Unzähliger von Grund aus zerstört.

Kaiser Heinrich kehrt aus Italien zurück.[3])

1119. Papst Gelasius II. starb[4]); für ihn wird Calixtus, Bischof von Vienne, von sieben Carbinälen und dem übrigen Clerus, von den Römern, welche, mit Papst Gelasius vertrieben sich in Gallien aufhielten, und von allen Bischöfen Galliens eingesetzt.[5]) Eine Versammlung des Königs und der Fürsten des ganzen Reiches findet statt bei dem Gute Erstein[6]), am Ufer des Flußes Mogonus.[7]) Bei der Stadt Reims wird eine Synode von vierhundert und fünfzig Bischöfen und Aebten unter Papst Calixtus abgehalten.[8])

1120. Eine Besprechung sämmtlicher Fürsten des Deutschen Reiches über die Uneinigkeit im Reiche, in Fulda abzuhalten, wird ange-

---

1) Sie gehörte dem gebannten Herzog Friderich. — 2) Die durch die Sage von Friderich dem Rothbart bekannte Burg Kyffhäuser. — 3) Heinrich kam im Herbste, nachdem er Kunde von den zu Köln und Fritzlar abgehaltenen Kirchentagen erhalten, schnell und unvermuthet über die Alpen, während die Kaiserin mit dem Heere vorläufig noch in Italien blieb. — 4) Bezüglich seines Todestages schwanken die von Jaffé — Papstregesten 526 — gesammelten Quellenstellen zwischen dem 28., 29. und 30. Januar. — 5) Am 2. Februar. Er hieß Guido und nahm als Papst den Namen Calixtus an. — 6) Ueber den Ort der Versammlung gehen die Angaben unserer Quellen mehrfach auseinander, während sie bezüglich der Zeit — die letzten Tage des Juni — ziemlich übereinstimmend lauten. Das Resultat der gepflogenen Unterhandlungen war ein Friedensschluß, in welchem aber über den eigentlichen Streitpunkt — das Investiturrecht — nichts entschieden wurde. — 7) Main. Pertz zu den Pegauer Annalen, wo aber Ecstein steht, vermuthet Hörstein oberhalb Hanau. — 8) Die Synode begann nach dem ausführlichen Berichte des Straßburger Scholastikers Hesso am 20. October und endete am 30. Die fünf von Hesso uns überlieferten Beschlüsse sicherten der Kirche ihren bisherigen Besitzstand und verboten auf's Neue den Kauf und Verkauf und die Bererbung geistlicher Würden, die Investitur durch Laienhand und die Ehen und den Concubinat der Geistlichen.

sagt [1]); der König schickt seine Gesandte und seine Anhänger dahin und indem er durch jede mögliche Kunst mit Bitten und Versprechen die Verhandlungen nach Worms verlegt, vereitelt er, da nur wenige Sachsen zum König kommen und alle Uebrigen nach Hause zurückkehren, den Zweck ihrer Zusammenkunft. Herzog Welf [2]) starb. Friderich, Pfalzgraf von Sachsen [3]), starb.

1121. Erlung, der Bischof von Würzburg, starb. Da aber bald darauf sowohl unter dem Clerus wie unter dem Volke Uneinigkeit entstand, wählte die königliche Partei einen gewissen Gebehard, die andere dagegen, welche sich gleichwohl auf den Beistand des Herzogs Friderich von Schwaben und seines Bruders Cunrad verließ, Rugger, welcher auch bald darauf von den Bischöfen von Mainz, Worms und Speier geweiht, aber aus dem Bisthum vertrieben wurde. [4]) Die Sonne, durch rauchige und stinkende Luft verfinstert und gleichsam in Blut gewandelt, schien von der neunten Stunde des Tages bis auf den dritten Tag ihr gewöhntes, glänzendes Licht verloren zu haben.

1122. Zwei vom Papst Calixtus gesandte Cardinäle sprechen den König mit allen seinen Anhängern zu Worms vom Banne los, jedoch erst nachdem der König selbst alle ketzerische Bosheit, wegen deren er excommunicirt war, abgeschworen und der Kirche durch Privilegien die Freiheit zurückgegeben, nämlich Bischöfe und Aebte ohne königliche Einmischung rechtmäßig und kanonisch zu wählen und einzusetzen. [5])

---

1) Dieses, wie es scheint, nicht zu Stande gekommenen Fürstentages gedenken außer unserer Chronik nur noch die Jahrbücher von Pegau (Giesebr. Kaiserzt. III, 1221). — 2) Welf II., Herzog von Bayern. Er starb am 24. September auf seinem Gute Kaufering am Lech. — 3) Friderich der Aeltere von Sommerschenburg. — 4) Gebehard, Graf von Henneberg, war noch sehr sehr jung und hatte noch keinerlei geistliche Weihe empfangen. Der kanonisch erwählte Rugger war Domherr zu Würzburg. Seine Weihe erfolgte nicht gleich nach der Wahl, sondern erst längere Zeit nach seiner Vertreibung im Kloster Schwarzach am Main. Da Bischof Erlung erst am 28. Dezember gestorben, so gehört wohl der größere Theil des hier Erzählten dem Jahre 1122 an, zu welchem es auch von Abt Ekkehard, welcher ausführlich von der Sache handelt, berichtet wird. — 5) Kaiser Heinrich kam am 8. September nach Worms. Gemäß dem daselbst abgeschlossenen und vom 23. September datirten Vertrage, durch welchen der langjährige Investiturstreit beendet wurde, gestattete der Papst dem Kaiser ein Oberaufsichtsrecht

1123. Reinhard, Bischof von Halberstadt, starb; für ihn wird Otto eingesetzt. Theoderich, Bischof von Zeitz, wird unvermuthet getödtet[1]); für ihn wird Richwin eingesetzt. Graf Ludewig, welcher Mönch geworden, starb eines seligen Todes.[2]) Markgraf Heinrich der Jüngere[3]) starb; für ihn stellte der Kaiser zwei Markgrafen auf; einen gewissen Wigbert, der sehr reich war, und den Grafen Hermann von Winzinburg. Aber die sächsischen Grafen Adelbert und Conrad, gestützt auf die Hilfe Herzog Luthars und der übrigen Sachsen, vertreiben dieselben und reißen ihre Burgen und ihre Würden an sich.[4]) Als ungefähr um dieselbe Zeit Bischof Adelbert von Mainz von den Leuten, welche die Mark Duderstadt bewohnten, den Fruchtzins forderte und diese heftigen Widerstand leisteten, ereignete es sich, daß einige von ihnen durch die Leute des Bischofs getödtet, andere verstümmelt, nicht wenige aber gefangen fortgeführt wurden. Hierdurch erschreckt und Gleiches für sich befürchtend, kommt das Volk der Thüringer aus allen Theilen seines Landes auf dem Berge Treteburg[5]) zusammen. Und schon schickten sie sich an, in die Stadt Erfurt, in welcher sich der Bischof damals gerade aufhielt, mit zwanzigtausend Mann unter Anführung des Grafen Heinrich[6]) einzudringen, und würden ihr Vorhaben in der That ausgeführt haben, wenn nicht der Bischof, wie er denn ein mit natürlichem Verstande begabter Mann war, sie durch kluge Vorstellungen davon abgebracht hätte. Burchard,

bei Bischofs- und Abts-Wahlen und das Recht, die Gewählten — jedoch unentgeltlich — mit den Regalien zu belehnen, wogegen diese zur Beobachtung der aus ihrem Lehnsverhältnisse entspringenden Pflichten gehalten sein sollten; auch sprach er den Kaiser und seine Anhänger vom Kirchenbanne los. Dagegen verzichtete dieser auf die Investitur mit Ring und Stab, versprach im ganzen Reiche freie kanonische Wahl und Weihe zu gestatten und alles während des Streites abhanden gekommene Kirchengut zurückzustellen. 1) Er wurde von einem slavischen Priester, welcher ihm zur Correction übergeben war, am Altar stehend erstochen. — 2) Ludwig der Aeltere von Thüringen starb in dem von ihm gegründeten Kloster Reinhardsbrunn. — 3) Von Eilenburg, Markgraf von Meißen und der Lausitz. — 4) Kaiser Heinrich hatte mit der Lausitz den Grafen Wigbert den Aelteren von Groitzsch, mit der Mark Meißen den Grafen Hermann von Winzinburg belehnt. Im Widerspruch mit dieser kaiserlichen Verfügung setzte Herzog Luthar über Meißen den Grafen Conrad von Wettin und über die Lausitz den Grafen Adelbert den Jüngern von Ballenstedt. — 5) Die schon von Lambert von Hersfeld zum Jahre 1073 erwähnte Trettenburg, zwischen Gebesee und Tennstädt, nordwestlich von Erfurt. — 6) Heinrich Raspe von Thüringen, Sohn Ludewig des Aelteren.

früher Abt zu Erfurt, welcher die Abtswürde verloren, starb zu Lorsch.

1124. Markgraf Wigbert, der auch Mönch war, starb.[1]

1125. Richwin, Bischof von Zeiz, starb; für ihn wird Uto eingesetzt, dessen Amtsführung den besten Anfang hatte. Calixtus II. starb[2]); für ihn wird Honorius eingesetzt.[3]

Heinrich, der vierte Kaiser dieses Namens und als König der fünfte, starb am 23. Mai.[4] Zu dieser Zeit war in den drei aufeinander folgenden Nächten vor dem Tode des Königs eine so ungeheure Kälte, daß in den meisten Theilen des Reiches das Getreide, der Wein und die Früchte größtentheils zu Grund gingen.

Lothar, Herzog von Sachsen, wird zu Mainz zum König erwählt[5] und zu Aachen als König geweiht.

Ein gewisser Otto, welcher die Herrschaft über die Mähren genannte Provinz hatte, ging Lothar mit Bitten an und beklagte sich, daß er des Herzogthums der Böhmen, seines Erbes, ungerechter Weise beraubt worden sei.[6] Der König kündet also Udalrich, dem damaligen Herzog der Böhmen, nachdem dieser die ihm nach dem Rathe der Fürsten gewährte Frist hatte verstreichen lassen, öffentlich den Krieg an.

Rugger, Bischof von Magdeburg, starb; für ihn wird Norbert eingesetzt.

---

1) Markgraf Wigbert der Aeltere war im Frühjahre 1124 hoffnungslos krank in Voraussicht seines nahen Todes in das von ihm gegründete Kloster Pegau getreten. — 2) Am 13. oder 14. Dezember. — 3) Bischof Lambert von Ostia wurde drei Tage nach dem Tode seines Vorgängers gewählt und am siebenten Tage als Honorius II. geweiht. — 4) Zu Utrecht. — 5) Die Wahlverhandlungen begannen am 24. August und endeten am 30. — 6) Otto II. aus böhmischen Herzogshause, war, wie vor ihm sein gleichnamiger Vater, Herzog im östlichen Theile von Mähren. Nach dem Tode seines Vetters, des Herzogs Wladislaus I., wurde dessen Bruder Udalrich (in böhmischen Quellen Sobeslaus genannt) von den Böhmen einstimmig zum Herzog erwählt. Diese Wahl focht Otto an, indem er sich dabei auf frühere Verträge zu seinen Gunsten berief. König Lothar gewährte ihm seinen Beistand gegen Udalrich um so bereitwilliger, als er in der ohne sein Zuthun vorgenommenen Herzogswahl eine Verletzung des deutschen Oberhoheitsrechtes erblickte.

1126. Zwischen dem König und Udalrich, dem Herzog der Böhmen, wird am 18. Februar in Böhmen[1]) eine Schlacht geliefert, in welcher viele Edle aus dem Heere des Königs fielen. Auch wurden Markgraf Adelbert[2]) und Graf Ludewig von Lare[3]) gefangen fortgeführt. Daselbst blieb auch Otto, der Herzog von Mähren, welcher die Ursache des ganzen Krieges war.

1127. Als König Lothar zu Merseburg Pfingsten feierte, nahm er Udalrich, den Herzog der Böhmen, zu Gnaden wieder auf[4]) und hob dessen Sohn aus der heiligen Taufquelle. Bald darauf belagerte er die Burg Nürnberg[5]), wobei er eben diesen Herzog mit einem starken böhmischen Heere zur Unterstützung bei sich hatte. Nachdem also die ganze umliegende Gegend drei Monate lang verheert war, kehrt der vorgenannte Herzog mit den Seinigen nach Hause zurück und bald darauf wird der König von Cunrad, dem Bruder des Herzogs Friderich, vertrieben. Deshalb maßt sich Cunrad, von übermäßigem Stolze aufgebläht, gegen Recht und Gesetz den königlichen Namen an.[6]) Karl, Graf von Flandern, ein Mann, welcher am Rechte festhielt, wird, weil er für die Gerechtigkeit eintritt, von den Seinigen im Tempel Gottes ermordet.[7]) Aber weil das Volk unter sich uneinig war, werden bald zwei Grafen an seine Stelle gesetzt, Willehelm von England[8]) und

---

1) Bei Kulm. — 2) Von Ballenstedt. — 3) Die Worte „von Lare" (Lohra) selbständiger Zusatz unserer Chronik. — 4) Da Herzog Udalrich nicht nur vor der Schlacht bei Kulm, sondern auch nach erfochtenem Siege sich sehr gemäßigt zeigte und insbesondere die deutsche Oberhoheit rückhaltslos anerkannte, so war eine Verständigung um so leichter, als des Königs Schützling Otto nicht mehr am Leben war. Udalrichs Belehnung mit Böhmen erfolgte unmittelbar nach der Schlacht, die Taufe seines Sohnes erst 1128. — 5) Friderich von Schwaben und sein Bruder Cunrad hatten als Enkel Kaiser Heinrichs IV. nach Aussterben des salischen Mannsstammes dessen gesammten Nachlaß und mit ihm auch viel Reichsgut sich angeeignet und waren darüber mit König Lothar in Streit gerathen. Dieser zog zunächst vor Nürnberg, welches die staufischen Brüder stark besetzt hatten. Er war dabei nicht nur von dem Böhmenherzoge, sondern auch von seinem Schwiegersohn, Heinrich X. Herzog von Bayern, unterstützt. — 6) Seine Wahl erfolgte „auf Anstiften einiger Fürsten" am 18. Dezember. — 7) Er wurde am 2. März in der Kirche des heiligen Donatianus zu Brügge während des Morgengottesdienstes ermordet. — 8) Willehelm, Sohn Roberts Herzogs der Normandie. Seine Großmutter Mathilde war die Schwester des Grafen Robert I. von Flandern, des Großvaters des ermordeten Grafen Karl.

Theoderich von Elſaß.[1]) Während dieſe gegen einander ſtreiten, wird das Volk der Flanderer durch unermeßliches Blutvergießen und verſchiedene Niederlagen heimgeſucht. Ripert, Abt von Er= furt, ſtarb; ihm folgte Wernher, ein Mönch von Hirſchau.[2])

1128. Während der König den Geburtstag des Herrn in Würz= burg feiert, ſetzt er Embricho, Propſt zu Erfurt, als Biſchof dieſer Stadt ein, nachdem jener Gebehard, welcher ſich in dieſes Bis= thum ſchon vor längerer Zeit eingedrängt hatte[3]), vertrieben und verurtheilt war. Daſelbſt wird auch Cunrad, welcher ſich den königlichen Namen angemaßt[4]), excommunicirt. Wiederholt wird derſelbe Cunrad zu Rom vom Papſt Honorius excommunicirt.[5]) Die Stadt Speyer wird von Friderich, Herzog der Schwaben, und ſeinem Bruder Cunrad durch Liſt eingenommen. Der König aber belagert mit ſeinem Heere eben dieſe Stadt.[6]) Und ſchon wäre die Stadt einzunehmen geweſen, da gewährte der König den um Frieden bittenden einen Vertrag und nachdem er Geißeln von ihnen erhalten, entließ er ſein Heer und zog ab.[7]) Indeſſen haben ſie gelogen und empörten ſich den Vertrag brechend auf's Neue.

1129. Otto, Biſchof von Halberſtadt, wird von Kanonikern, welche auch Regulierte[8]) genannt werden, zu Rom, wie Vielen ſchien, mit Unrecht, der Simonie angeklagt und von Papſt Honorius abgeſetzt.[9])

Die Stadt Speyer wird von König Lothar nach unaus= geſetzter neunmonatlicher[10]) Belagerung eingenommen. Herzog

---

1) Theoderich war durch ſeine Mutter ein Enkel des Grafen Robert I. — 2) von: „Ripert" bis zum Schluſſe Zuſatz unſerer Chronik, gleichlautend mit den Jahrbüchern von Sanct Peter in Erfurt. — 3) Ueber Gebehard ſ. d. J. 1121 u. A. Biſchof Rugger war bereits im Jahre 1125 geſtorben. — 4) ſ. d. J. 1127. — 5) Bei dem an Oſtern 1128 abgehaltenen Concil. — 6) Um das Feſt Johannes des Täufers — 24. Juni — 7) In der erſten Hälfte des November. — 8) „Regulierte" oder „Regulierte Chorherren" wurden ſeit das gemeinſchaftliche Leben der Domherren aufgehört, alle Geiſtliche genannt, welche, ohne Mönche zu ſein, in gemeinſchaftlicher Wohnung und nach einer beſtimmten Regel lebten. — 9) Anderen Quellen zufolge fand dieſe Abſetzung erſt im Jahre 1129 ſtatt. — 10) Die zweite Belagerung von Speyer begann nach Angabe der Jahrbücher von Hildesheim an Pfingſten — 2. Juni — anderen Quellen zufolge noch ſpäter, und endete am 28. De= zember mit Uebergabe der Stadt.

Gotefrid von Brabant[1]) wird vom König abgesetzt[2]) und Pagi=
nus[3]) anstatt seiner als Herzog aufgestellt. Als dieser Paginus,
um seiner herzoglichen Pflichten zu warten, hinabzieht, stellt sich
ihm Gotefrid mit einer Menge Bewaffneter entgegen[4]); nachdem
aber der Kampf eröffnet war, ergriff derselbe Gotefrid die Flucht.
Paginus aber behielt als Sieger das Herzogthum vom Rhein bis
zum Flusse Getus.[5]) Im Bisthum Halberstadt werden durch die
Uneinigkeit der Domherren und der Regulierten zwei Bischöfe auf=
gestellt, beide aber vom König und Bischof Adelbert verworfen.

Heinrich, Markgraf von Stade, starb.[6])

Uto, ein sächsischer Graf, wird getödtet.[7])

1130. Papst Honorius starb[8]) und statt seiner wurden bald
darauf infolge von Uneinigkeit zwei Päpste aufgestellt, nämlich Inno=
cenz, der früher auch Gregor, und Anaclet, der auch Peter geheißen[9]);
beide zu Rom an einem Tage erwählt.[10]) Aber Anaclet, welcher
der Mächtigere war, behauptete sich im Besitz der Stadt Rom.
Innocenz dagegen kommt fliehend nach Gallien, und nachdem er
daselbst von der gesammten Gallicanischen Kirche anerkannt wor=
den, wird er auch von den Bischöfen ganz Deutschlands und von
König Lothar als Papst verkündet und bestätigt.[11])

---

1) Nieder=Lothringen. — 2) Gotefrid, Graf von Löwen, war im Jahre 1106 von
König Heinrich V. mit Nieder=Lothringen belehnt worden. Grund seiner Absetzung,
welche übrigens bereits 1128 stattgefunden, scheint der Beistand gewesen zu sein, welchen
er dem Grafen Willehelm von der Normandie gegen den mit dem Könige verwandten
Theoderich von Elsaß geleistet. — 3) Paginus, auch Walrabo genannt, war der Sohn
des 1101 von Kaiser Heinrich IV. mit Nieder=Lothringen belehnten und 1106 des Herzog=
thums entsetzten Grafen Heinrich von Limburg. — 4) Am 7. August. Paginus und Bischof
Alexander von Lüttich belagerten Duras, nächst St. Tronb; Gotefrid wollte den Platz
entsetzen. — 5) Geete. Sie entspringt nördlich von Gemblour, fließt bei Tirlemont
vorüber und mündet in die Demer. — 6) Heinrich von Stade, Brudersohn des Mark=
grafen Rudolf und seit 1114 selbst Markgraf der Nordmark, starb zu Ende des Jahres
1128. — 7) Uto Graf von Freckleben, der Sohn des 1114 verstorbenen Markgrafen Ru=
dolf, nach seines Vetters Heinrich Tod mit der Nordmark belehnt, wurde am
15. März 1130 von den Leuten des Markgrafen Adelbert erschlagen. Diesem, sowie den
zum folgenden Jahre aus Sachsen berichteten Ereignissen lagen Privatfehden zu Grund.
— 8) Am 14. Februar. — 9) Beide waren Cardinäle, und zwar Peter Priester, Gregor
Diakon. — 10) Noch am Sterbetage des Papstes Honorius. — 11. Auf einem im Octo=
ber zu Würzburg versammelten Concil.

Graf Heinrich, der Bruder Ludewigs, starb.[1])

In der Stadt Halle werden von den Bürgern Cunrat von Eichstete und Adelbert nnd Eribo, zwei Brüder mit ihren Rittern getödtet.[2]) König Lothar aber sammelt ein Heer gegen eben diese Stadt und nachdem Einige verstümmelt, Andere geblendet, nicht Wenige auf verschiedene Weise gefoltert, Viele auch da= und dorthin geflohen waren, leisten alle Uebrigen, indem sie eine un= ermeßliche Summe Geldes erlegen, zum ungeheueren Schaden ihres Vermögens würdige Buße für das begangene Verbrechen.

Burchard von Luchenheim[3]), ein sächsischer Graf, wird auf Anstiften seines Lehensherrn, Hermanns, Landgrafen von Thürin= gen, getödtet. Deshalb wird eben dieser Hermann von König Lothar abgesetzt und Graf Ludewig[4]) für ihn aufgestellt, und bald darauf Winzinburg[5]), die Burg des erwähnten Grafen Hermann, vom Heere des Königs belagert, gestürmt und eingenommen.

1131. Graf Hermann übergiebt am 28. Febr. sich und all' das Seine dem Könige, wird gefangen abgeführt und zur Bewachung auf die Burg Blankenberg[6]) geschickt, Wincinburg wird aber bis auf den Grund zerstört. Wieder zog König Lothar mit gesammel= tem Heere nach Dänemark wegen der inneren Kriege, welche da= selbst geführt wurden. Der Sohn des Königs von Dänemark hatte nämlich den Sohn seines Vatersbruders getödtet, weil er fürchtete, dieser könnte, wenn er selbst einmal vertrieben wäre, zur Regierung gelangen. Denn der Vater des Getödteten war früher König.[7]) Daher ergriff König Lothar, vom Bruder des Ge=

1) Von: „Graf" bis: „starb" ein ungenauer Auszug aus dem sächsischen Annalisten, welcher berichtet, daß Heinrich Raspe von Thüringen meuchlerisch ermordet wurde. — 2) Cunrat von Eichstete (Eichstedt) war im vierten Grade mit Adelbert von Ballenstedt verwandt; über die Brüder Adelbert und Eribo ist nichts Näheres bekannt. — 3) Bur= chard von Luchenheim (Loccum), in anderen Quellen „ein Graf der Friesen" genannt, war ein persönlicher Freund König Lothars. — 4) Von Thüringen, als Landgraf Lude= wig I. — 5) Winzenburg bei Alfeld in Hannover. — 6) Blankenburg am westlichen Ab= hange des Harzgebirges. — 7) Nachdem König Erich im Morgenlande gestorben, riß dessen Bruder Nicolaus mit Ausschluß der noch unmündigen Söhne des Verstorbenen die Regierung an sich. Kanut, der ältere derselben, begab sich in reisen Jahren für einige Zeit an das Hoflager König Lothars und wurde von demselben mit dem erledigten Königs= reiche der Obotriten belehnt. Diese Erhöhung erregte die Eifersucht und das Mißtrauen

tödteten angegangen, gegen eine so abscheuliche Pflichtvergessenheit
die Waffen und führte, um das unschuldige Blut zu rächen, sein
Heer gegen das dänische Gebiet. Voll Furcht also vor dem Heere
Lothars kommen alle Völker innerhalb der Grenzen Dänemarks,
zahlreich wie der Sand am Meere an einem Orte[1]) zusammen,
um sich zu vertheidigen; als sie aber sich gegenüber das Heer
König Lothars, wiewohl nur von mäßiger Stärke und nur aus
sechs Tausenden bestehend, im Glanze der Waffen schimmern sehen,
werden sie durch göttliche Fügung von Schrecken ergriffen, ergeben
sich und all' das Ihre, verlangen einen Vertrag und bitten, daß
ihr König sein eigenes Reich von Lothar zu Lehen nehmen dürfe.
Und dies wäre auch gewiß geschehen, wenn nicht der fromme König
Lothar desjenigen, dessen Bruder getödtet war, geschont hätte, des=
wegen weil dieser schon längst die Zeichen der königlichen Würde
und auch den königlichen Namen sich angemaßt hatte.[2]) Nachdem
er aber für eine ihm versprochene übergroße Geldsumme vom
König von Dänemark Geißeln erhalten, kehrt König Lothar in
glorreichem Triumphe nach Hause zurück.

Unter Papst Innocenz wird in der Stadt Lüttich eine Synode
versammelt.[3]) Daselbst wird in Gegenwart König Lothars und
unter dem Beisitze von fünfzig Bischöfen mit unzähligen Personen
verschiedener Orden Otto, Bischof von Halberstadt, der früher zu
Rom vom Papst Honorius abgesetzt worden, einstimmig der
Halberstädter Kirche wieder vorgesetzt und ihm auf's Neue die
bischöfliche Investitur, das heißt der Ring, die Mitra und der
Stab[4]) vom Papst Innocenz gegeben. Auch wird von Allen nach
den Bestimmungen der Canones jenes Alte, welches immer wieder
aufzufrischen sein wird, festgesetzt, daß die Priester keusch und ohne

des Königs Nicolaus und seines Sohnes Magnus, auf dessen Anstiften Kanut bald
darauf ermordet wurde.

1) Am Dannewirke. — 2) Erich Emund, der in Lothars Heer war und leer ausging,
aber 1134 König wurde. Indessen wurde zwar nicht König Nicolaus, wohl aber Prinz
Magnus nach dem Zeugnisse des Pfarrers Helmold Lehnsmann König Lothars. Die
Worte: „weil dieser schon längst u. s. w." erinnern an diejenigen, welche Helmold der
Mutter des Prinzen Magnus in den Mund legt. — 3) Am 29. März. — 4) Von: „das
heißt" bis: „Stab" selbständiger Zusatz unserer Chronik.

Frauen sein, Niemand aber die Messe eines verheiratheten Prie-
sters hören solle.[1]) Daselbst wird auch der sächsische Markgraf
Adlebert[2]) ab= und Graf Heinrich[3]), ebenfalls ein Sachse, für
ihn eingesetzt.

1132. Der heilige Gotehard wird im hundert und ersten
Jahre nach seinem Entschlafen, und zwar am letzten Tage dieses
Jahres, am 4. Mai[4]) in Hildesheim aus dem Grabe erhoben;
ganz Deutschland erfreute sich, erleuchtet durch die wunderbare
Größe seiner Zeichen.

König Lothar zieht mit der Königin Richiza nach Rom[5]),
um das italische Reich zu besuchen und seiner Herrschaft zu unter=
werfen, den Papst Innocenz wieder auf den apostolischen Stuhl
zu setzen und den kaiserlichen Segen zu empfangen, wobei er zwar
wegen der Schwierigkeit der Lage nur ein mäßig starkes Heer
führt, nämlich nur eintausendfünfhundert Bewaffnete, aber in
Allem auf Gott vertraut; was auch der Erfolg der Dinge
rechtfertigt.

Die Stadt Augsburg wird vom Heere des Königs zerstört,
mit Feuer verbrannt, sehr viele Bürger gefangen fortgeführt, und
zwar heimgesucht mit wohlverdienter Strafe für das begangene
Verbrechen, indem sie es nämlich gewagt, den König, der friedlich
zu ihnen gekommen und sich nichts dergleichen versehen, feindlich
anzugreifen.[6]) Hierauf übersteigt der König das Gebirg und
unterwirft ganz Italien seiner Botmäßigkeit, indem nur die Vero=

---

1) Außerdem wurde auf dieser Synode der Gegenpapst Anaclet gebannt und über
den Gegenkönig Conrad und seinen Bruder der Bann wiederholt ausgesprochen. — 2)
von Ballenstedt, seit 1123 Markgraf der Lausitz. Ob seine Absetzung wegen der Tödtung
des Grafen Uto von Freckleben oder aus einer anderen Ursache erfolgte, ist nicht bekannt. — 3) von Groitzsch, Sohn des Markgrafen Wigbert des Aelteren. — 4) Gotehard,
Bischof von Hildesheim, starb am 5. Mai 1038. — 5) Am 15. August befand sich Lothar
in Würzburg, wo sich das Heer sammelte. — 6) Der Kampf begann am 28. August und
zwar nach einem Briefe des Augsburger Bischofs Hermann in Folge von Differenzen,
welche sich auf dem Markte in der Vorstadt zwischen den Leuten des Königs und der
Bürgerschaft ergeben hatten. Wenn wir aber dem sogenannten Honorius von Autun
Glauben beimessen dürfen, hatte Herzog Friderich die Hand dabei im Spiele. Am sechsten Tage nach seiner Ankunft zog der König weiter, nachdem er die Mauern der Stadt
bis auf den Grund hatte abtragen lassen.

neser und Mailänder Widerstand leisten.[1]) Auf dieser Heerfahrt wird Heinrich, Markgraf von Stade[2]), getödtet, aber von seinen Leuten nach Sachsen, woher er stammte, zur Beerdigung zurück= gebracht.

1133. König Lothar zieht in Rom ein.[3]) Papst Innocenz wird auf dem apostolischen Stuhle wieder hergestellt. Auch wird der König von demselben in der Kirche des heiligen Johannes des Evangelisten im Lateran mit dem kaiserlichen Segen geweiht und zum Kaiser erhoben.[4]) Diesen Ort hielt der König für den ge= eignetsten, um den kaiserlichen Segen zu empfangen, weil es aus= gemacht ist, daß derselbe, wie allen Vernünftigen einleuchtet, ein Palast sowohl des Reiches wie der Kirche ist und weil in den Geschichten früherer Zeiten mehrere Kaiser gefunden werden, welche daselbst die Weihe empfingen. Dazu kam noch, daß Peter, wel= cher sich den Namen und die Würde eines Papstes angemaßt, die Kirche des heiligen Apostels Petrus, wo in unseren Zeiten die Kaiser gewöhnlich geweiht wurden, mit einer Menge Bewaffneter vorher besetzt hatte, damit der König den kaiserlichen Segen nicht empfangen könnte. Doch hätte dieser Ort vom Heere des Königs leicht erobert werden können, aber der fromme König verbot dies, damit die Kirche des heiligen Petrus nicht zerstört würde. Als aber Lothar, nachdem er Kaiser war, Rom verließ und an die Engpässe kam, welche nach der Stadt Brescia[5]) führen, besiegte er, von der göttlichen Gnade begleitet, glorreich einen gewissen Thrannen Adelbert[6]), der ihn mit zehn Tausenden den Weg ver= legte, nahm ihn in seiner eigenen, Lobrun genannten Burg, wohin er sich geflüchtet, obgleich dieselbe für uneinnehmbar galt, gefangen

---

1) Auch Crema, Reggio und Bologna schlossen ihre Thore. — 2) Markgraf Heinrich von Stade starb unserer Chronik nach 1129, wahrscheinlich aber noch früher (s. d. J. 1129 A. 6) und ist hier wohl sein Nachfolger Conrad von Plötzke gemeint, welcher sich im Ge= folge des Königs befand und bald nach Weihnachten getödtet wurde. — 3) Am 30. Mai. — 4) Am 4. Juni. — 5) An Brixen in Tirol kann wegen der Lage von Lobrun (Lo= brone) — an der Südwest-Grenze von Welsch-Tirol — nicht gedacht werden und ist der Schauplatz des Kampfes jedenfalls nördlich von Brescia zu suchen. — 6) Eine nicht näher bekannte Persönlichkeit, vielleicht derselbe, welcher sonst Graf von Verona genannt wird.

und führte den Gefangenen fort und so kehrte er vergnügt mit den Seinen nach Hause zurück.[1]

Eine Sonnenfinsterniß ereignete sich am 2. August um die Mitte der achten Tagesstunde.

1134. Kaiser Lothar feierte Pfingsten[2] zu Halberstadt. Daselbst brachte ihm Magnus, der Sohn Nicolaus, Königs der Dänen, um sich seine Gnade zu erwerben, eine unermeßliche Menge Gold und Silber dar, weil er im vorhergehenden Jahre, während König Lothar mit dem Römerzuge beschäftigt war, viele Deutsche, + welche er im Lande Dänemark getroffen[3], theils getödtet, theils verstümmelt, andere aber auf verschiedene Weise bestraft und gefoltert aus den Grenzen seines Reiches vertrieben hatte, wegen der Unbill nämlich, welche er selbst und sein Volk früher vom Heere des Königs Lothar erduldet. Indessen empfängt der fromme König Lothar denselben gnädig, beschließt, daß er König der Dänen sein solle, setzt ihm eine Krone auf das Haupt und als er am heiligen Pfingsttage selbst im königlichen Schmucke und als Kaiser erschien, machte er ihn zu seinem Schwertträger. Durch diese, obwohl unverdiente Ehre hochmüthigen Sinnes geworden, kehrte er[4] eilends nach Hause zurück und nachdem er eine Menge Bewaffneter versammelt, fing er an, Erich, den Sohn seines Vatersbruders, dessen Bruder er früher getödtet, zu verfolgen und fuhr mit seinen Schiffen nach der Stadt Lund, wo derselbe, wie er erfahren, sich aufhielt. Und als das Heer, den Schiffen entstiegen[5], sich sammelte, überkam Alle eine unmäßige Furcht[6] und sie verlangten,

---

1) Am 23. August war er urkundlich in Freising. — 2) Nicht Pfingsten, sondern Ostern — 15. April. An Pfingsten — 3. Juni — war es, daß König Magnus bei Fodwig fiel, während sich der Kaiser an diesem Tage zu Merseburg befand. — 3) Welche bei der Einnahme von Roeskilde auf Seeland gefangen und auf Befehl des Prinzen Harald, des mit Nicolaus verbündeten älteren Bruder des ermordeten Kanuts und Erichs, verstümmelt worden waren. — 4) Nämlich Magnus. — 5) In einer Fota (Fodwig) genannten Bucht, ungefähr vier Meilen südlich von Lund, wo sich auch die von unserer Chronik berichtete Niederlage des Königs vollzog. — 6) Helmold erzählt, die Geistlichkeit hätte dem König wegen der Heiligkeit des Tages — Pfingstfest — vom Kampfe abgerathen, nach dem Berichte des Saro Grammaticus war es aber der Anblick der daherstürmenden Reiterei Erichs, welcher das nur aus Fußvolk bestehende Heer des Magnus entmutigte.

daß die Schiffe, welche Magnus, damit nicht vielleicht Einer oder der Andere sich aus dem Gefechte dahin flüchten möchte, vom Lande hatte abstoßen laffen, wieder an's Ufer zurückkehren sollten. Magnus aber sprach: „Was fürchtet ihr, tapfere Ritter! Unser Heer zählt zwanzigtausend wackere Männer, und wenn es uns einfiele, in Rom, die Hauptstadt der Welt, einzuziehen, so könnte Niemand einer solchen Menge Widerstand leisten." Jene aber laffen sich keinen Muth einsprechen und während sie für ihr eigenes Leben besorgt sind, macht der brave junge David[1]), der Schwestersohn Erichs, welcher in der Stadt Lund belagert war, mit dreihundert sehr tapferen deutschen Rittern einen Ausfall, dringt im Handgemenge mitten in das Heer und, da Alle sich zerstreuen und flüchten, bleibt Magnus, auf die Erde hingestreckt allein zu= rück. Ueber ihn hingeneigt spricht der junge David: „O verruchte= ster Räuber und treulosester Verwandtenmörder, der Du meinen Oheim, den Sohn Deines Vatersbruders, unter Küffen getödtet, wie der treulose Judas den Herrn verrathen hat! Jetzt drücken Dich Deine Sünden, jetzt verfolgen Dich die Strafgerichte Gottes. Heute, sage ich Dir, wirst Du empfangen, was Du verdient, und nachdem Dir Dein treuloses Haupt samt Deinen lasterhaften Händen wegen der Größe Deines Frevels abgeschlagen, wirst Du dem ganzen Jahrhundert zum Gespräche werden." Nachdem dieser eines solchen Todes gestorben, entfloh König Nicolaus, der Vater des Magnus, auf's Höchste erschreckt und argwöhnend, er würde von seiner Umgebung im Handgemenge ermordet werden, und schlug mit einer Menge Bewaffneter · bei der Stadt Schles= wig ein Lager auf. Die Bürger dieser Stadt aber gaben ihm verstellter Weise friedliche Versicherungen, schickten ihren Bischof mit den übrigen Großen gleichsam als Bürgen des Friedens zu ihm und, nachdem sie ihn eingeholt, ermordeten sie ihn sofort, als er im Gebete vor der Thüre der Kirche stand. Und an seiner Stelle

---

1) Dieses Prinzen gedenkt weder Helmold, noch die dänischen Geschichtschreiber Saxo Grammaticus und Anonymus Rostildensis.

sezten sie mit dem gesammten Volke ihres Landes Erich, den Sohn seines Bruders, welchen Magnus früher verfolgte, als König ein.

Kaiser Lothar zieht mit einem Heere gegen Herzog Friderich und seinen Bruder Conrad nach Schwaben. Die Stadt Ulm wird von Grund aus zerstört, sehr viele größere und kleinere Burgen gebrochen und ganz Schwaben mit einem solchen Morden heimgesucht, daß man sich nicht erinnern kann, von allen früheren Königen etwas Aehnliches erfahren zu haben.[1])

1135. Friderich, Herzog der Schwaben, erlangte bei dem um die Mitte der Fastenzeit[2]) zu Bamberg abgehaltenen Reichstage die Gnade des Kaisers und auf den Spruch des Kaisers und unter einmüthigem Beifall der Fürsten wird auf zehn Jahre für das ganze Reich ein Landfrieden angeordnet, zu welchem sich Alle eidlich verbanden.[3])

Kaiser Lothar hielt an Petri Kettenfeier[4]) einen Reichstag in der Stadt Merseburg, wo auf Befehl des Kaisers der Herzog der Polen gegenwärtig war, welcher oftmals von den früheren Kaisern bekriegt, trotz wiederholter Bitten und Versprechungen doch niemals dem Rufe, zu ihrem Reichstage zu kommen, Folge geleistet. Es war auch gegenwärtig Udalrich, der Herzog der Böhmen, und obgleich er der unversöhnlichste Feind des Polenherzogs war, so versöhnte sie Kaiser Lothar doch mit einander.[5]) Auch kamen zu derselben Zeit zu Kaiser Lothar ein Herzog und ein Bischof, geschickt vom Könige von Griechenland, mit Gesandten des

---

1) Der Kaiser brach in der zweiten Hälfte des August von Würzburg auf. Noch vor seiner Ankunft hatte Herzog Heinrich von Bayern die Stadt Ulm, in welcher sich die staufischen Brüder befestigt und deren Einwohner sie gegen den Kaiser aufgewiegelt hatten, genommen und eingeäschert. Die Staufer retteten sich durch die Flucht. — 2) Am 17. März. — 3) Die Jahrbücher von Hildesheim und die großen kölnischen Jahrbücher sprechen von Errichtung dieses Landfriedens an Pfingsten und zu Magdeburg, was sich auf die Durchführung desselben in Sachsen zu beziehen scheint (Giesebr. Kaiserzt. IV, 441). — 4) Nicht an Petri Kettenfeier — 1. August — sondern am 15. August. — 5) Beide Herzoge hatten bei den Thronstreitigkeiten zwischen Bela II., seit 1131 König von Ungarn, und seinem Vetter Boris — der Polenherzog Boleslaus III. für letzteren, Udalrich für seinen Schwager Bela Partei genommen. In Merseburg kam es lediglich zu einem Waffenstillstande zwischen beiden, welchem erst im Jahre 1137 ein Friedensschluß folgte.

Dogen von Venedig, welche sich beklagten und ein Urtheil ver=
langten gegen einen gewissen Rugger, Grafen von Sicilien, wel=
cher dem Könige von Griechenland Afrika, das als der dritte
Welttheil gilt, im Kampfe mit den Heiden abgenommen und sei=
ner Herrschaft unterworfen[1], die königliche Krone sich daselbst auf=
gesetzt und den königlichen Titel angemaßt[2], den Venetianern aber
durch Plünderung an verschiedenen Waaren einen Werth von vierzig=
tausend Talenten abgenommen hatte. Aber auch vom römischen
Reiche hatte er ganz Apulien und Calabrien abgerissen[3] und
noch vieles Andere gegen Recht und Gerechtigkeit begangen. Gegen
denselben werden also von den Gesandten zahlreiche Schiffe zur
Verstärkung des kaiserlichen Heeres und unzählige Legionen von
Soldaten versprochen, sowie eine für diesen Zweck genügende Menge
von Gold= und Silbergeld. Mit wie vielen und welcherlei Ge=
schenken der Herr damals den Kaiser geehrt, wer vermöchte es
aufzuzählen? Gold und Edelsteine brachten die Gesandten von
Griechenland mit Purpurkleidern von verschiedenen Abstufungen
und überaus viel Gewürz, welches bis daher in diesem Lande un=
bekannt war. Aber auch der Herzog von Polen und der Herzog
von Böhmen brachten Hermelin= und Marderpelze mit verschie=
denen Geschenken an Gold, Silber und anderen werthvollen Dingen
in solcher Menge, daß keiner der Fürsten war, der sich nicht ge=
freut hätte, sich durch Geschenke, entweder von jenen Herzogen oder
vom Kaiser geehrt zu sehen. Nicht minder erfreuten die Ge=
sandten des Königs von Ungarn den Kaiser mit den übrigen Für=
sten, welche meldeten, daß ihr Herr und die Seinen mit jeglicher
Entscheidung des Kaisers ganz einverstanden seien.[4]

---

1) Dies gehört nach dem Zeugnisse der italienischen Geschichtsquellen einer späteren Zeit
an und scheinen eben nur die Fortschritte, welche Rugger (Roger) in Unter=Italien machte,
den Kaiser Johannes Comnenus zur Absendung der Gesandtschaft veranlaßt zu haben. —
2) Er wurde an Weihnachten 1130 mit Gutheißung des Gegenpapstes Anaclet von Car=
dinal Comes zu Palermo als König gekrönt. — 3) Nicht vom römisch=deutschen Reiche,
sondern vom Stuhle Petri gingen diese Länder zu Lehen, welche schon Papst Honorius II.
Rugger verliehen hatte. In früherer Zeit hatten sie allerdings zum Reiche gehört, wur=
den aber von Lothar nicht wieder für dasselbe in Anspruch genommen. — 4) Die ungari=
schen Thronstreitigkeiten sollten durch kaiserlichen Urtheilsspruch entschieden werden.

Wieder hatte der Kaiser seinen Hof um das Fest des heiligen Michael[1]) in Thüringen in der königlichen Stadt Mühlhausen. Daselbst erlangte Conrad, der Bruder Herzog Friderichs, welcher sich den königlichen Namen angemaßt, die Gnade des Kaisers; der Kaiser nahm ihn gütig auf, gab ihm Alles, was ihm früher gehörte, zurück, beschenkte ihn mit königlichen Gaben und erlaubte ihm, mit Ehren nach Hause zurückzukehren.

Ein sehr heftiger und bisher unbekannter Wind versenkte viele Schiffe, zerstörte sehr viele Gebäude und warf unzählige Frucht= und Waldbäume um, so daß von einigen Wäldern kaum der zehnte Theil stehen blieb.

1136. Während Kaiser Lothar die Geburt des Herren in der Stadt Speyer feiert, erschien am Tage vor Erscheinung des Herrn[2]), ohne daß sich Wolken zeigten, die Sonne wie an einem Theile abgebrochen; aber auch andere Wunderzeichen erschienen nicht lange danach in verschiedenen Gegenden. Ein Stein von der Größe eines Menschenkopfes fiel bei dem Orte Oltesleibon[3]), wo sich eine Abtei befindet, aus den Wolken, welcher auch damals von den Brüdern daselbst sorgfältig aufbewahrt wurde. Als sich um dieselbe Zeit Kaiser Lothar in Quedlinburg befand, schien in der Luft über der Stadt Etwas nach Art einer Leiter vorüberzufliegen mit schneeweißem Körper und röthlich schimmerndem Haupte. Nicht Wenige bezeugten auch, daß sie zu jener Zeit gesehen hätten, wie wenn sich ein in rother Farbe strahlendes Kreuz vom Himmel auf die Erde herabgelassen und nicht weit über der Erde einige Zeit in der Luft geschwebt, dann aber wieder zum Himmel zurückgekehrt sei; die Luft strahlte in solcher Klarheit, daß keiner der Zuschauer im Stande war, die Augen zu ihrer Anschauung, gleichsam wie gegen die Sonnenstrahlen, zu erheben.

In eben diesem Jahre wurde unter dem Abte Wernher das Wasser auf den Berg des heiligen Petrus geleitet.[4])

---

1) 29. September. — 2) 5. Januar. — 3) Alsleben an der Saale, oder Oldisleben an der Unstrut. — 4) Von: „In eben" bis: „geleitet" Zusatz unserer Chronik gleichlautend mit den Jahrbüchern von Sanct Peter in Erfurt.

Markgraf Lupold wird auf der Jagd getödtet.[1]) Der Kaiser zieht zum zweiten Male nach Italien[2]) und bei dem wunderbar glücklichen Erfolg seiner Unternehmungen sich auf die göttliche Gnade verlassend, schreitet er mit Wenigen nach allen Richtungen siegreich vor.[3]) Auch Apulien, welches Rugger, der Herzog der Sicilianer, früher an sich gerissen, nahm er mit Waffengewalt und stellte es dem Recht des apostolischen Stuhles zurück. Bei dieser Heerfahrt stirbt Brun, der Erzbischof von Köln, und wird in Bari, einer Stadt Apuliens, begraben.

1137. Adelbert der Aeltere, Erzbischof von Mainz, starb; für ihn wird Adelbert, seines Bruders Sohn, Propst zu Erfurt, nach langen Zwistigkeiten des Klerus und des Volkes eingesetzt.[4]) Das Münster des heiligen Martin in Mainz mit einem sehr großen Theile der Stadt brennt ab. Der Kaiser kehrt aus Italien zurück. Als er aber die Grenzen von Deutschland überschritten und während die Fürsten in Würzburg seiner Ankunft harrten, wurde er von einer Krankheit befallen und beschloß seine Tage[5]), dem ganzen Reiche die Trauer über seinen Tod hinterlassend. Sein Leichnam wurde aber von der Kaiserin Richza nach Sachsen zurückgebracht und in der Abtei Luter[6]), welche er selbst gestiftet, am 31. Dezember, in Gegenwart der Fürsten Sachsens und Thüringens, königlich bestattet.

Meingoz, Bischof von Merseburg, starb.

1138. Conrad, der Bruder Friderichs des Herzogs der Schwaben, welcher sich bereits früher den königlichen Titel angemaßt, wird um Mittefasten zu Coblenz zum König erwählt[7]) und auf dem

---

1) Markgraf Lupold III. von Oesterreich starb am 15. November und zwar, wie sein Sohn, Bischof Otto Freising und die österreichischen Geschichtsquellen bezeugen, eines natürlichen Todes. — 2) Am 15. August hielt er zu Würzburg einen allgemeinen Reichstag und brach sodann nach Italien auf. Am 22. September stand er an den Ufern des Mincio. — 3) Das weiter Folgende gehört in's Jahr 1137. — 4) Erst im Jahre 1138. — 5) Am 3. Dezember zu Breitenwang, unweit Reutte in Tirol. — 6) Königslutter, östlich von Braunschweig, im gleichnamigen Herzogthum. — 7) Conrad wurde auf Betreiben der Feinde Herzog Heinrichs von Bayern, insbesondere der Erzbischöfe Albero von Trier und Arnold von Köln, sowie des Cardinallegaten Thietwin am Montage nach Oculi — 7. März — von den Fürsten Lothringens erwählt und wenige Tage darauf zu Aachen vom Cardinallegaten gekrönt.

nächste Pfingsten [1]) zu Bamberg abgehaltenen Reichstage von den meisten Fürsten des Reiches bestätigt. Wernher, Abt von Erfurt, starb; ihm folgte Rudiger, ein Mönch desselben Klosters.

1139. In der Stadt Rom wird um die Mitte der Fastenzeit von Papst Innocenz eine große Synode mit den Bischöfen und Aebten verschiedener Provinzen abgehalten. [2])

Zwischen König Conrad und dem Bayerherzog Heinrich und den sächsischen Fürsten entstand ein heftiger Streit wegen des Herzogthums Sachsen, welches der König eben diesem Heinrich abgenommen [3]) und dem Markgrafen Adelbert verliehen hatte. Da Herzog Heinrich und die übrigen sächsischen Fürsten das Herzogthum gegen eben diesen Adelbert mit den Waffen vertheidigten, nahm der König dies übel und stellte ein Heer bei Hersfeld auf [4]), um feindlich in Sachsen einzudringen. Die Sachsen aber überschritten ihre eigene Grenze und schlugen im Gebiete von Thüringen, am Flusse Werra [5]) ein Lager, gleichmüthigen und entschlossenen Sinnes auf Beides gefaßt, entweder tapfer zu siegen, oder nicht ungerächt zu sterben. Da der König ihre Kühnheit fürchtete, so wollte er keine blutige Entscheidung herbeiführen, sondern schloß nach gehabter Berathung mit den Großen des Reiches einen Vertrag, und nachdem so bis nächste Pfingsten ein Waffenstillstand vereinbart war, entließ er die Truppen, welche mit ihm gewesen waren. Gotefrid, Herzog von Löwen, starb [6]). Herzog Heinrich starb [7]),

---

1) 22. Mai. Auf diesem Reichstage erschienen mit Ausnahme des Bayerherzogs und einiger anderer bayerischer Herren alle Fürsten Deutschlands. — 2) Auf dieser Kirchenversammlung wurden unter Anderem die Turniere als „Tod den Menschen und Gefahren den Thieren bringend" verboten und bei im Turnier Gefallenen das kirchliche Begräbniß versagt. — 3) Kaiser Lothar hatte kurz vor seinem Tode Heinrich noch weiter mit dem Herzogthum Sachsen belehnt (s. hierüber: Jaffé, Kaiser Lothar Beil. II.). Dieses machte ihm nach des Kaisers Tod Adelbert von Ballenstedt, seit 1134 Markgraf der Nordmart, streitig, wobei er von König Conrad unterstützt wurde. Da Heinrich das Verlangte nicht gutwillig herausgab, wurde er zu Würzburg in die Acht erklärt und ihm an Weihnachten desselben Jahres — 1138 — zu Goslar auch das Herzogthum Bayern abgesprochen. — 4) In den letzten Tagen des Juli. — 5) Bei Kreuzburg im Großherzogthum Weimar. — 6) Ueber Gotefrid s. d. J. 1129 A. Er starb als Mönch des Kloster Affligbem. Bezüglich des Jahres seines Todes stimmen die Quellen nicht überein. — 7) am 20. October zu Quedlinburg.

der nämlich, welcher der Eidam des Kaisers Lothar gewesen war[1]); an seiner Statt erhielt aber sein Sohn Heinrich das Herzogthum.[2]) Otto, Bischof von Bamberg, ein Mann der Barmherzigkeit und lobwürdig durch einen ganz verdienstvollen Wandel starb, nachdem er in nah und fern sehr viele Vereinigungen von Gott Dienenden gegründet[3]), eines seligen Todes. Ihm folgte Egilbert.

1140. Landgraf Ludewig[4]) starb am 12. Januar. Herzog Udalrich von Böhmen[5]) und Pfalzgraf Willehelm[6]) starben. König Cunrad hatte um Mariä Reinigung[7]) seinen Hof zu Worms; daselbst erlangte Ludewig, der Sohn des Landgrafen Ludewig, noch ein Knabe, durch die Gunst des Königs und der Fürsten Thüringens, die Herrschaft.

1141. Die Kaiserin Richiza starb.[8])

Adelbert, Erzbischof von Mainz, starb am 17. Juli; ihm folgte Markolf, Propst zu Aschaffenburg.

1142. In Erfurt wurde am 29. August heftig gestritten zwischen den Bürgern und den Rittern des Erzbischofs. Denn Einige wurden getödtet, Viele von beiden Seiten aber verwundet.

In diesem Jahre kehrten auf dem zu Frankfurt am 10. Mai abgehaltenen königlichen Hoftage[9]) der König und die Sachsen, welche bisher wegen der Ränke Einiger über Vieles uneinig waren, zu Frieden und Eintracht zurück, und nachdem Alles nach Wunsch geordnet war, schieden sie sämmtlich vergnügt von einander.[10]) Am

---

1) Dieser Satz steht durch ein Versehen im lateinischen Text am Ende dieses Jahres. — 2) Nämlich Sachsen, jedoch erst im Jahre 1142 beim Friedensschlusse zu Frankfurt, nachdem die sächsischen Fürsten Adelbert von Ballenstedt vertrieben und dieser selbst Verzicht auf das Herzogthum geleistet hatte. — 3) Der heilige Otto, durch seine zwei Missionsreisen nach Pommern als Apostel dieses Landes bekannt, war der Stifter von fünfzig Klöstern. — 4) Von Thüringen. — 5) Udalrich starb am 15. Februar. — 6) Wilhelm von Ballenstedt, Pfalzgraf am Rhein, Sohn des 1113 seinen Wunden erlegenen Pfalzgrafen Sigefrid. — 7) 2. Februar. — 8) Am 10. Juni. — 9) König Conrad kam am Sonntage Misericordia — 3. Mai — nach Frankfurt und verließ die Stadt vor dem 28. Mai, an welchem Tage wir ihn urkundlich zu Nürnberg finden. — 10) Bei diesem Friedensschlusse wurde Heinrich, der Sohn des 1139 abgesetzten und verstorbenen Herzogs Heinrich, wie bereits berichtet (s. oben A. 2.) mit Sachsen belehnt und seine Mutter mit des Königs Halbbruder, Heinrich von Oesterreich, seit seines Bruders Lupold Tod Herzog von Bayern, vermählt.

9. Mai wurde nach dem verborgenen Rathschlusse Gottes ein großer Theil der Stadt Erfurt vom Feuer verzehrt; auch die Münster des heiligen Petrus und des heiligen Severus und andere Kirchen der Heiligen wurden ein Raub der Flammen. Markolf, Erzbischof von Mainz, seligen Angedenkens starb am 11. Juli. Für ihn wird Heinrich, Propst an der Hauptkirche, eingesetzt.

Rudiger, Abt zu Erfurt, starb; ihm folgte Wernher, ein Mönch desselben Klosters.

1143. Ekeleib, Bischof von Merseburg, starb. Ein langer und · schneereicher Winter. Papst Innocenz, auch Gregor genannt, starb[1]); für ihn Celestin, auch Gwido genannt.[2])

1144. Papst Celestin starb[3]); für ihn wird Lucius, auch Gerhard genannt, gesetzt.[4]) Markgraf Rudolf wird ermordet.[5]) Sigefrid, Graf von Bomeneburg[6]), starb. Eine große Wasserfluth war in Erfurt am 26. Mai.

1145. Papst Lucius starb[7]); für ihn Eugen, auch Bernhard genannt.[8])

1146. König Cunrad zog mit einem Heere gegen die Polen.[9])

1147. König Cunrad und Ludewig, König von Gallien, ziehen mit Bischöfen, Herzogen und Grafen und einer unzählbaren Menge aus vielen Provinzen und verschiedenen Standes, sowohl Rittern als Fußvolk nach Jerusalem, um aus Eifer für den Glauben

---

1) Am 24. September. — 2) Cardinal Gwido am dritten Tage nach dem Tode seines Vorgängers gewählt. — 3) Am 8. März. — 4) Gerhard war, wie sein Vorgänger vor seiner Erwählung zum Papst Cardinalpriester. Seine Weihe erfolgte nach Jaffe's Berechnung (Papst-Regesten 610) am 12. März. — 5) Rudolf der Jüngere von Stade, Sohn des 1124 verstorbenen gleichnamigen Grafen der Nordmark wurde am 15. März von den zu seiner Grafschaft gehörigen und über seine Bedrückungen erbitterten Ditmarschen erschlagen. — 6) Sigefrid von Bomeneburg (Boyneburg) war ein Enkel Otto's von Nordheim. — 7) Am 15. Februar. — 8) Bernhard war Abt des Klosters St. Anastasio zu Rom. Er wurde am Todestage seines Vorgängers erwählt und am darauffolgenden Sonntag — 18. Februar — geweiht. — 9) Im Monat August. Der Zweck dieses Feldzuges war, den im Kampfe mit seinen jüngeren Brüdern vertriebenen Polenherzog Wladizlaus II., dessen Gemahlin eine Halbschwester König Cunrads war, wieder herzustellen. Dieser Zweck wurde nicht erreicht, vielmehr sah sich der König zu einem Friedensschlusse mit den Brüdern genöthigt, durch welchen er gegen Erlegung einer Geldsumme und Stellung von Geiseln ihren Besitzstand anerkannte. Seinem vertriebenen Schwager wies er Altenburg zum einstweiligen Aufenthalt an.

gegen die Heiden zu kämpfen; erschreckt und überredet durch die Predigten einiger Männer von großem Ansehen und heiligem Wandel [1]), welche jenes Wort des Apostels verkündeten, daß der Tag des Herren bevorstehe [2]) und Blindheit über einen Theil von Jerusalem gekommen sei, bis die Menge der Völker in Jerusalem einziehen und so ganz Jerusalem gerettet werden würde. [3]) Und als Cunrad mit der ungemessenen Truppenzahl, die er bei sich hatte, seinen Weg durch Ungarn gegen Constantinopel nahm, wurde er allerdings vom König der Griechen prächtig aufgenommen und mit königlichen Geschenken geehrt. [4]) Aber ein wenig weiter vorgerückt beschloß er wegen schwieriger Beschaffenheit des Bodens und wegen Mangel zurückzukehren. Nachdem er aber mittlerweile durch Hinterhalte und Ueberfälle der Heiden die meisten der Seinigen verloren und andere derselben zum größten Theil nach der Prophezeiung des Ezechiel oder Jeremias durch Pest und Hunger und verschiedene Todesarten umgekommen waren, zog er sich mit dem Theile des Heeres, der übrig geblieben war, kläglich nach Constantinopel zurück. [5]) Daher richtete er, wie es die Lage mit sich brachte, an den König der Griechen flehentliche Bitten und mit Beihülfe desselben kam er mit Wenigen bis zum Grabe des Herrn [6]), die Uebrigen aber zerstreuten sich in verschiedenen Gegenden.

---

1) Insbesondere war es der heilige Bernhard, Abt von Clairvaux, welcher durch Wort und Schrift zum Kreuzzuge aufforderte, als dessen nächste Veranlassung der Fall der Stadt Edessa galt, welche an Weihnachten 1144 von Sanguinus (Zenki), Regenten von Mossul, eingenommen worden war. — 2) 2. Thess. 2, 2. — 3) Röm. 11, 25 flgb. — 4) Nachdem Cunrad auf dem in der Fastenzeit abgehaltenen Reichstage seinen unmündigen Sohn Heinrich zum König erwählen und bald darauf zu Aachen hatte krönen lassen, brach er in den letzten Tagen des April von Nürnberg auf, schiffte sich zu Regensburg auf der Donau ein und kam um den 10. September nach Constantinopel. — 5) Cunrad hatte von Nicea (Isnik) aus den nächsten Weg nach Iconium (Konieh) eingeschlagen, kehrte aber am 26. October aus den von unserer Chronik angegebenen Gründen um und ging bis Nicea zurück. Hier traf er das französische Heer unter König Ludwig und schloß sich demselben mit dem Reste der Seinen zum abermaligen Vormarsche an, kam bis Ephesus, kehrte aber von hier aus wegen Krankheit nach Constantinopel zurück, wo er bis zum Frühjahr 1148 blieb. — 6) Er fuhr auf griechischen Schiffen nach Ptolemais (Acca) und kam in der Osterwoche — 11. bis 18. April 1148 — nach Jerusalem. Die Unternehmungen der beiden abendländischen Könige gegen Damascus und Ascalon scheiterten an dem üblen Willen der Lateiner.

Aber allenthalben brachte er es zu keinem Erfolg oder etwas Ehrenhaftem für den deutschen Namen und die kaiserliche Würde, und nach anderthalb Jahren kehrt er, o Schmerz! mit übergroßer Schande sowohl für das römische Reich, wie für den christlichen Namen in die Länder Deutschlands zurück.[1]) Am 26. October war eine Sonnenfinsterniß von der dritten Stunde des Tages bis zur sechsten in eben dem Jahre des Feldzuges nach Jerusalem und an eben dem Tage, an welchem König Cunrad und das christliche Heer zurückwichen und der sächsische Graf Bernhard[2]) und viele Andere daselbst fielen.

Das Münster der heiligen Apostel Petrus und Paulus zu Erfurt wurde am 16. Juni eingeweiht von Heinrich, Erzbischof von Mainz, Sigefrid, Bischof von Würzburg, Ditmar von Verden und Gebehard von Eichstädt, nachdem vierundvierzig Jahre seit Gründung des Münsters verflossen waren. In eben diesem Jahre starb Wernher, Abt zu Erfurt; ihm folgte Gelfrad, ein Mönch desselben Klosters.

1148. Uto, Bischof von Zeitz, ging auf der Rückkehr von Jerusalem im Schiffbruche unter; für ihn wird Wicmann, Schwestersohn des Markgrafen Cunrad[3]), eingesetzt.

1149. König Cunrad kehrt von Jerusalem zurück. Buggo, Bischof von Worms, starb.

Graf Otto, vom Pfalzgrafen Hermann gefangen und von ihm in Gewahrsam gehalten, starb.[4])

Graf Lampert starb.[5])

1) Nachdem Cunrad einen zweiten Winter in Constantinopel zugebracht, kehrte er 1149 auf dem Seewege heim, landete zu Pola, begab sich von hier nach Aquileia und war an Pfingsten — 22. Mai — in Salzburg. — 2) von Plötze, Bruder des 1133 in Italien getödteten Markgrafen Cunrad. — 3) Von Wettin. — 4) Otto der Jüngere von Rineck, der Stiefbruder des 1140 verstorbenen rheinischen Pfalzgrafen Willehelm von Ballenstedt, glaubte sich durch die Belehnung des Grafen Hermann von Stahleck mit der pfalzgräflichen Würde in seinen Rechten gekränkt und befehdete diesen. Nach Angabe mehrerer Geschichtsquellen wurde er im Gefängnisse erdrosselt. — 5) Ueber diesen, einen Grafen von Gleichen, steht in den Ann. S. Petri (Mon. Germ. SS. XVI, 20): „Der Mönch Bruning starb in Follolderode (Bolkenrode) am 3. April, und in demselben Jahr starb, durch langes Siechthum erschöpft, dessen Bruder Graf Lampert in Erfurt am 3. October, im zweiten Jahre nach seiner Heimkehr von Jerusalem, und er ist begraben in Follolderode, wo er selbst das klösterliche Leben gestiftet hat."

1150. Sigefrid, Bischof von Würzburg, starb; für ihn wird Gebehard[1]) eingesetzt. Ein harter und langer Winter, so daß die heftige Kälte sehr Viele tödtete und der größte Theil der Bienen und des Viehes zu Grunde ging.

1151. Schwere Hungersnoth und ansteckende Krankheiten unter den Menschen.

1152. Ernst, ein Graf aus Thüringen[2]), starb. Hermann, Graf von Winzinburg, wird in eben dieser Burg[3]) zugleich mit seiner Gemahlin von seinen Leuten[4]) kläglich ermordet. Im Monat Januar war in den Rheinlanden eine bedeutende Ueberschwemmung. König Cunrad segnete am 15. Februar das Zeitliche und wurde zu Bamberg die Leichenfeier und Bestattung nach königlichem Brauche vollzogen. An seiner Stelle wurde sein Bruders=sohn Friderich, Herzog der Schwaben, an Mittefasten zu Frankfurt zum König erwählt[5]); er übernahm die Zügel der Regierung und wurde am Palmtage[6]) zu Aachen als König geweiht. König Friderich hielt an Pfingsten[7]) einen Reichstag zu Merseburg, wobei der König der Dänen[8]) mit königlichen Geschenken er=schien und das Reich von ihm erhielt. Daselbst entsteht auch ein heftiger Streit zwischen Heinrich, dem Herzog der Sachsen, und dem Markgrafen Adelbert[9]) und, da dieselben mit Heeres=macht gegen einander streiten, wird die sehr wohlhabende Stadt

---

1) Derselbe, welcher bereits 1121 von der kaiserlichen Partei dem kanonisch erwähl=ten Bischof Rugger entgegengestellt worden war. — 2) Ernst II, Graf von Gleichen, Schirmvogt des Petersklosters zu Erfurt. — 3) Winzinburg. — 4) Von den Ministeria=len der Hildesheimer Kirche. — 5) Nach dem Berichte des Bischofs Otto von Freising kamen die Fürsten am 4. März zur Wahlverhandlung zusammen und muß die endgiltige Wahl am 5. stattgefunden haben, da Friderich bereits am 6. Frankfurt verließ, um sich nach Aachen zur Krönung zu begeben. — 6) Nicht am Palmtage, sondern am Sonntage Lätare — 9. März. — 7) 18. Mai. — 8) Sueno, auch Peter genannt, der Sohn König Erichs des Jüngeren. Ihm hatte sein Vetter Kanut der Jüngere, Sohn des 1134 bei Fodwig gefallenen Königs Magnus, das Reich streitig gemacht. Beide wurden von König Friderich zum Reichstage nach Merseburg beschieden und daselbst Sueno, nach=dem er Friderich gehuldigt, das Reich zugesprochen. — 9) Es handelte sich um das Erbe der Grafen Bernhard von Plötzke und Hermann von Winzinburg. Der Streit, welcher schon von länger her datirte, wurde erst auf dem im October zu Würzburg abgehaltenen Reichstage beigelegt und zwar so, daß nach der Entscheidung des Königs der gesammte Nachlaß Bernhards dem Markgrafen, jener Hermanns aber dem Herzog zufiel.

Ofterrode[1]), ein Gebäude von wunderbarer Schönheit zu Lutrede[2]), sehr viele Burgen und zahllose Dörfer zerstört.

1153. In der Pfingstwoche[3]) hielt der König zu Worms einen Tag mit den beiden Cardinälen Gregor und Bernhard und einer ansehnlichen Versammlung von Aebten und Pröpsten des Erzbisthums Mainz und entsetzte daselbst Heinrich, den Erzbischof von Mainz, und gab ihm Arnold, dazumal Kanzler, zum Nachfolger. Papst Eugen starb[4]); für ihn wird Anastasius, auch Cunrad genannt, Bischof von Sabina, eingesetzt.[5]) Heinrich, des Bisthums entsetzt, starb und wird zu Bamberg begraben.

Am 26. Januar erschien ein Zeichen an der Sonne von dieser Form ⌣.[6])

1154. Papst Anastasius starb[7]); für ihn Adrian.[8]) König Friderich kam mit einem Heere nach Italien[9]) und unterwarf sich die Ungehorsamen in jenen Gegenden mit Gewalt der Waffen[10]) und als er hierauf siegreich in Rom einzog, wurde er von Papst Adrian bei Sanct Peter als Kaiser geweiht. Sehr viele Römer fielen mit den Waffen in der Hand[11]) und als er auch auf dem Rückwege bei Verona am Durchgange durch die Klausen aufgehalten wurde, bahnte er sich mit dem Schwerte den Weg in die Hei-

---

1) Am südwestlichen Abhange des Harzes. — 2) Lutter am Barenberge im braunschweigischer Kreise Gandersheim. — 3) 7. bis 14. Juni. — 4) Am 8. Juli. — 5) Anastasius IV. saß nach Angabe seines Biographen ein Jahr vier Monate und vierundzwanzig Tage auf dem päpstlichen Stuhle. Jaffé (Papst-Regesten 653) verbessert „vierundzwanzig" in „zweiundzwanzig", und wäre demnach der Tag seiner Weihe, da er 1154 am 3. Dezember starb, auf Sonntag den 12. Juli zu setzen. — 6) Hier ist ein sichelförmiges Zeichen gemacht. Es war wohl eine partielle Sonnenfinsterniß. — 7) f. A. 5. — 8) Er wurde am zweiten Tage nach dem Tode seines Vorgängers geweiht. — 9) Friderich sammelte sein Heer zu Anfang des October auf dem Lechfelde oberhalb Augsburg, nahm seinen Weg über Brixen, Trient und Verona und kam im November auf den roncalischen Feldern an, wo er sich fünf Tage aufhielt und einen Reichstag abhielt. — 10) Mehrere Städte und feste Plätze wurden im Herbste 1154 und im Frühjahre 1155 genommen und theilweise zerstört. Nach der Einnahme und Zerstörung von Tortona wandte sich Friderich nach Pavia und ließ sich daselbst am 17. April als König der Lombardei krönen. — 11) Friderich zog am 18. Juni in der Leo-Stadt ein und wurde sofort vom Papste als Kaiser gekrönt. Auf die Nachricht hiervon machten die Römer einen Angriff auf die Deutschen, wurden aber blutig zurückgeschlagen.

math, und ließ die Führer der Feinde an den Galgen aufhängen.[1]
Es war eine große Wasserfluth. In eben diesem Jahre wur=
den gefunden am 20. April der heilige Adelarius und am
26. Juli der heilige Eobanus im Münster der heiligen Jungfrau
Maria zu Erfurt.

1155. Der Kaiser kehrt aus Italien zurück.[2] Zwischen dem
Erzbischof Arnold[3] und dem Pfalzgrafen Hermann war eine Fehde,
Arnold aber ergriff die Flucht.[4]

1156. Heinrich, der Herzog der Sachsen, zog mit einem gesammel=
ten Heere nach Friesland und kam kaum wieder zurück.[5] Pfalzgraf
Hermann starb.[6] Ansteckende Krankheiten unter den Menschen.

1157. Der Kaiser zog[7] mit einem Heere nach Polen, nahm
den Herzog jener Provinz in Gehorsam und kehrte, nachdem er
seine Unternehmung glücklich durchgeführt, zurück.[8]

Markgraf Cunrad starb.

1158. Kaiser Friderich zieht mit einem gesammelten Heere nach

---

1) Eine den Engpaß sperrende Burg (nach dem Berichte der Jahrbücher von Pöhlde
Rivoli — eine Angabe, welche durch die Erzählung Radewins von der Uebergabe dieses
Platzes im Jahre 1158 bestätigt erscheint) wurde nach Ersteigung eines für unübersteig=
lich gehaltenen Felsens, welcher dieselbe beherrschte, eingenommen, der größte Theil der
Besatzung niedergemacht und der Befehlshaber, ein veronesischer Ritter, Namens Alberich,
mit zehn Anderen aufgeknüpft. — 2) Er kehrte auf demselben Wege zurück, auf welchem
er ausgezogen, und kam im September in Deutschland an. Am 20. dieses Monats war
er urkundlich in Peiting, südlich von Schongau in Oberbayern. — 3) Von Mainz. —
4) Sämmtliche Theilnehmer an der Fehde wurden an Weihnachten zu Worms zur Strafe
des Hundetragens verurtheilt, den mit dem Erzbischof verbündeten Grafen aber aus Rück=
sicht für diesen selbst die Strafe wieder erlassen. — 5) Vielleicht sollte durch diesen Zug,
dessen auch andere Quellen gedenken, eine Niederlage gerächt werden, welche die Sachsen
drei Jahre vorher in Friesland erlitten. Was aber die Sachsen damals hingeführt,
wissen wir nicht und können nur vermuthen, daß die Feindschaft des Herzogs mit den
Rüstringern, von welcher Helmold (I, 82) bei den Ereignissen des Jahres 1155 spricht,
ohne jedoch deren Grund anzugeben, schon 1153 bestanden habe. — 6) Er starb als
Mönch des Klosters Ebrach, in welches er sich bald nach der 1155 erlittenen Strafe
zurückgezogen. — 7) Im August. — 8) Es galt, Herzog Boleslaus ob der Vertreibung
seines Bruders zur Rechenschaft zu ziehen und ihm die in Vergessenheit gerathene Ab=
hängigkeit Polens vom Reiche in Erinnerung zu bringen. Boleslaus wurde zur Unter=
werfung genöthigt, versprach, sich auf dem an Weihnachten abzuhaltenden Reichstage
bezüglich der Vertreibung seines Bruders zu rechtfertigen und stellte seinen Bruder Ka=
simir und andere Edle als Geißeln, hielt aber gleichwohl fast keine der gemachten Zusagen.

Longobardien [1]); Mailand wird von ihm belagert und als er nach
vielen Kämpfen die Bürger endlich zur Unterwerfung gebracht [2]),
entließ er das Heer, er selbst aber blieb mit einem Theile desselben
Heeres in eben dieser Provinz zurück.

1159. Gebehard, Bischof von Würzburg, starb. Die Mailänder
brachen den Vertrag, thaten den Gesandten des Kaisers [3]) manch=
faches Unrecht an und zogen sich mit Außerachtlassung des Wohles
der Geißeln, welche sie gegeben, seinen Unwillen zu. Der König
rief also, um die der kaiserlichen Würde zugefügte Schmach zu rächen,
die deutschen Fürsten zurück und belagerte einen mailändischen
Platz, Crema genannt [4]), welcher durch seine Burg und seine Lage
sehr fest und mit Waffen, Mannschaft und allem kriegerischen Ge=
räthe wohl versehen war. Endlich nach öfteren Gefechten, wobei
auf beiden Seiten viele Leute fielen, nahm er ihn ein [5]), gewährte
den Bürgern mit königlicher Milde Schonung, befahl aber, die
Burg bis auf den Grund abzubrechen.

Papst Adrian starb. [6])

Heinrich, Herzog von Sachsen, zog aus, um dem Kaiser Hilfe
gegen die Mailänder zu bringen. Bei dieser seiner Heerfahrt
wurde Friderich, Graf von Bichelingen, getödtet.

1160. Nachdem Papst Adrian am 1. Sept. [7]) gestorben war
wurden durch die Uneinigkeit der Cardinäle und der Römer zwei
Päpste, nämlich Octavian und Ruland, auch Alexander genannt,
erwählt [8]), eingesetzt und geweiht. [9]) Beide wurden daher zum

---

1) Das Heer sammelte sich nach dem Berichte Ragewins bei Augsburg, wo wir den
Kaiser urkundlich am 14. Juni treffen, und zog von hier auf verschiedenen Wegen über die
Alpen. — 2) Mailand, bei Friderichs erstem Römerzuge nicht vollständig unterworfen,
wurde am 6. August eng eingeschlossen und durch Mangel bezwungen. Am 8. September
ging die feierliche Uebergabe der Stadt vor sich. — 3) Sie waren geschickt, um die Gesetze,
welche bei dem im November 1158 auf den roncalischen Feldern abgehaltenen Reichstage
gegeben waren, bekannt zu machen und zu vollziehen. — 4) Die Einschließung des Platzes
fand in den ersten Tagen des Juli statt. — 5) Am 27. Januar 1160. — 6) Am 1. September. — 7) 1159. — 8) Beide waren Cardinalpriester und Ruland (Roland) Kanzler
des verstorbenen Papstes. Sie wurden am 7. September gewählt. Alle, selbst die gegne-
rischen Quellen stimmen darin überein, daß Ruland die Mehrzahl der Stimmen erhielt.
— 9) Ruland wurde als Alexander III. am 20. September, Octavian als Victor IV.
am 4. October geweiht.

Reichstage, oder vielmehr zu der Synode, welche auf kaiserlichen
Befehl am 2. Februar [1]) abgehalten werden sollte, berufen. Da
Ruland, obgleich des königlichen Willens nicht unkundig, sein Er=
scheinen verweigerte [2]), so wurde der erschienene Octavian von den
Gegenwärtigen der Apostolische genannt und als solcher bestätigt.
Ebenso wurde auch Alexander von den sehr zahlreichen Anhängern
seiner Partei zu Anagni, einer Stadt Apuliens, die apostolische
Würde zuerkannt. Erzbischof Arnold wird von den Mainzern aus
der Stadt vertrieben [3]), entweicht nach Thüringen [4]) und kehrt mit
einer nicht geringen Anzahl Bewaffneter zurück, gleichsam um die
Stadt mit den Waffen in der Hand einzunehmen und den Ver=
messenen die verdienten Strafen aufzuerlegen. Ihn fanden die
Bürger, noch ehe die zahlreichen Bewaffneten seiner Partei sich
vereinigt hatten, am 24. Juni mit Wenigen bei Sanct Jacob,
zündeten das Kloster an, tödteten ihn mit dem Schwerte und
nachdem sie ihn bei den Füßen aus der Kirche gezogen, ließen sie
ihn zum unwürdigen und kläglichen Schauspiel nackt auf der Straße
liegen. Udalrich, Bischof von Halberstadt, weder in gesetzmäßiger
Weise angeklagt, noch kanonisch verhört und abgeurtheilt, wird in
seiner Abwesenheit nach dem Belieben des Herzogs Heinrich von

1) Die Kirchenversammlung war auf die zweite Woche des Januar nach Pavia berufen, wurde aber auf den 5. Februar verschoben. Die Verhandlungen dauerten sieben
Tage. Daß für die Entscheidung der versammelten Väter andere, als kirchliche Gründe
maßgebend waren, bezeugen Helmold, die Jahrbücher von Disibodenberg und die Chronik
von Lauterberg. — 2) Er machte in seinem Antwortschreiben auf die kaiserliche Vorladung geltend, daß dem Kaiser nicht das Recht zustehe, Kirchenversammlungen zu berufen und daß der Papst als höchster Herr in der Christenheit von einer Kirchenversammlung nicht gerichtet werden könne. — 3) Die nächste Veranlassung des Streites scheint gewesen
zu sein, daß der Erzbischof im Sommer 1158 von den Ministerialen und Bürgern von
Mainz Geldbeiträge für den im Gefolge des Kaisers zu unternehmenden Römerzug verlangte, welche ihm die Mainzer unter Berufung auf ihre Freiheit von Abgaben ver-
weigerten. Die Unzufriedenheit wurde noch gesteigert als Arnold, aus Italien zurückgekehrt, denjenigen, welche ihm die Heerfolge verweigert, ihre Lehen entziehen wollte. —
4) Von einem Entweichen des Erzbischofs nach Thüringen berichten andere Quellen nichts.
Ihnen zufolge begab er sich im Herbste 1159 wieder nach Italien, um die Hilfe des
Kaisers in Anspruch zu nehmen, kam erst im Frühjahre 1160 von dort zurück und nahm
seinen Aufenthalt zunächst im Kloster St. Alban, unweit Mainz, von wo aus er mit
den Rebellen Unterhandlungen anknüpfte, in deren Verlauf er sich endlich in das vor
den Thoren der Stadt gelegene Kloster St. Jacob begab.

dem Cardinal G. abgefetzt und kommt der Decan Gero an feine Stelle.[1] Am 25. Juli findet in Erfurt eine Zufammenkunft der Fürften und Bifchöfe wegen der Angelegenheit des Reiches ftatt, bei welcher die Mainzer ob ihres ungeheueren Frevels unter Auslöfchung der Lichter, wie es Brauch war, verflucht und excommunicirt werden. Diefe achteten eine fo fchwere Verurtheilung ihres Falles gering, oder ftellten fich vielmehr fo und wählten fich Rudolf, den Bruder des Herzogs Berchtold[2]) zum Bifchof; ihm entgegen ftellten Pfalzgraf Cunrad[3]) und Landgraf Ludewig am 29. October zu Frankfurt Chriftian, Propft zu Merfeburg, mit Gutheißung nur Weniger auf, geftützt nicht auf die Gegenwart, fondern auf den Auftrag der Suffraganbifchöfe und des apoftolifchen Legaten von Trier.[4]) Daraus entfteht Streit der Parteien; die Angelegenheiten gewinnen ein dem Guten und Billigen entgegengefetztes Anfehen, indem über Kirchliches nach dem Urtheil der Laien entfchieden und der bifchöfliche Sitz durch die Gewaltthaten einiger Mächtigen beftürmt, zerriffen und zu Grunde gerichtet wird. Sizo, ein Graf aus Thüringen[5]), ftarb.

1161. Papft Victor hielt am 20. Juni zu Lodi in Gegenwart des Kaifers Friderich eine Generalfynode[6]), fetzte Rudolf, den Erwählten für Mainz, und Chriftian, den gegen ihn Erwählten, beide durch kirchlichen Spruch ab und fetzte Cunrad, den Bruder des bayerifchen Pfalzgrafen[7]), auf den vorgenannten Bifchofsfitz. An vielen Orten war Hagelfchlag und ftarkes Gewitter. Berchtold, Bifchof von Zeitz, ftarb, ihm folgte Uto.

1162. Die Mailänder, fchon im vierten Jahre durch die Belagerung des königlichen Heeres, des italienifchen und des deutfchen eng eingefchloffen[8]), reichen endlich nach vielen und ruhmwürdigen Thaten kriegerifcher Kühnheit, überdrüffig der Leiden und mehr durch

---

1) Udalrich wurde, weil er Octavian nicht als rechtmäßigen Papft anerkannte, von deffen Legaten Everhard mit Beihilfe Herzog Heinrichs abgefetzt. — 2 von Zäringen. — 3) von Staufen, Pfalzgraf am Rhein und Halbbruder des Kaifers. — 4) Des Erzbifchof Hillin von Trier, Legaten Octavians. — 5) Sizo, Graf von Revernberg (Räfernburg). — 6) Diefelbe begann am 19. Juni und endete am 22. — 7) Otto's von Wittelsbach. — 8) Die Feindfeligkeiten gegen Mailand begannen erft 1160.

Hunger als durch Waffen besiegt, dem Kaiser die bittenden Hände, indem sie sich und all' das Ihre der königlichen Gewalt über= geben. Nachdem also der König die Unterwerfung der Edlen und des Volkes entgegengenommen, zieht er um die Zeit des Palm= tages[1]) mit siegreichen Adlern und einer großen Menge in die Stadt; auf seinen Befehl wird den Bürgern das Leben und alle fahrende Habe gelassen, die Wälle aber eingeebnet, Mauern, Thürme und jegliche Befestigung zerstört und die übrigen Gebäude, mit Ausnahme der Hauptkirche und der anderen Kirchen von der gefräßigen Flamme verzehrt; und die so wohlhabende Stadt, welche von Romulus und Remus gegründet, aber von den Senonischen Galliern, welche in den ältesten Zeiten unter Führung von Brennus mit dreihundert Tausenden in das Land eingewandert waren, nach dem Untergange ihres Anführers vollendet wurde, und welche in vielen darauf folgenden Jahrhunderten mit besonderer Wildheit gleich dem Keuler des Waldes weit und breit mit drohendem Hauer um sich schlug, erfährt endlich die Strafe des Himmels, indem sie durch die überaus schwere Hand des Königs Friderich gleich einem Schafe zerrissen und gänzlich dem Boden gleich ge= macht wird. Dieses bevorstehende Geschick wurde durch den be= bedeutungsvollen Namen der Stadt, wie wir in Geschichtsbüchern lesen, mittelst folgender Verse ausgedrückt:

Wo man das Lager absteckt', da wurde ein Schweinchen
gefunden,
Ganz mit Wolle bedeckt auf der Mitte des Rückens,
und davon
Bildete man den Namen der Stadt und nannte sie
Mailand.[2])

Mächtige Hungersnoth. Gero, Bischof von Halberstadt, über= trug die Gebeine der Heiligen Gervasius und Prothasius von Mai= land nach Halberstadt.

---

1) Am Montage vor Palmtag, den 26. März. — 2) Das Wortspiel: in medio lanam und Mediolanum läßt sich im Teutschen nicht wiedergeben. Otto von Freising leitet den Namen der Stadt von ihrer Lage in Mitten der Flüsse Abba und Tessin ab.

1163. Der Kaiser kehrt aus Italien zurück und wird von den zahlreich versammelten Fürsten um die Zeit von Mariä Reinigung zu Würzburg empfangen[1]); nach der Osterfeier[2]) zog er zum großen Schrecken in Mainz ein, hielt daselbst Hof und befahl, während Furcht die Bürger nach verschiedenen Orten vertrieben hatte, die Umfassungsmauern und alle Befestigungswerke der Stadt von Grund aus zu zerstören. Durch einen ungeheueren und plötzlichen Platzregen entstand am ersten September eine außerordentliche Ueberschwemmung, so daß sehr viele Wohnhäuser und andere Gebäude mit Einwohnern, Vieh und allem Hausrath umgerissen wurden und später viele Menschen gefunden wurden, welche das Wasser ergriffen und fortgeschwemmt. Papst Victor, der auch Octavian hieß, starb; für ihn Paschalis, auch Gwido genannt.[3])

Der Kaiser nimmt Cunrad, den Erwählten für Mainz, und einige Fürsten mit sich und zieht wieder nach Italien.[4])

1164. Der Kaiser kehrt aus Italien zurück.[5]) Der Erwählte für Mainz[6]) machte eine Pilgerfahrt nach Spanien und unterwarf sich auf dem Rückwege Ruland, auch Alexander genannt, mit einem Eide.

1165. Cunrad, der Erwählte für Mainz, wird wegen des Eides, mit welchem er sich Ruland unterworfen hatte, da derselbe sich nicht wankend machen ließ, vom Kaiser des Bisthums entsetzt. Und ohne Verzug brach das größte Elend über das Bisthum herein und wurden die Burgen Rustiberg, Horburg[7]),

---

1) Er war bereits im Herbste 1162 in Schwaben, wo er nach dem Zeugnisse der Petershäuser Chronik in Ulm und Constanz Reichstage abhielt. Aus letzterem Orte besitzen wir zwei kaiserliche Urkunden vom 24. und 27. November. Aus Würzburg haben wir Urkunden vom 13. und 23. Februar. — 2) Nach dem Berichte der größeren Jahrbücher von Köln erst am Sonntage Misericordia — 7. April. — Urkundlich bestätigt ist, daß Friderich sich am 12. April zu Mainz befand. — 3) Gehört in's Jahr 1164. In diesem Jahre starb Octavian am 20. April und wurde zwei Tage darauf von dem kaiserlichen Kanzler und Erzbischof von Köln Reinold und den Cardinälen und Bischöfen der kaiserlichen Partei ein neuer Gegenpapst in der Person des Cardinals Gwido von Crema aufgestellt, welcher den Namen Paschalis III. annahm. — 4) Am 6. November war er in Lodi. — 5) Ende September verließ er Italien, war am 1. November in Ulm und hielt am 13. desselben Monats einen Reichstag zu Bamberg. — 6) Nämlich Cunrad von Wittelsbach. — 7) Rusteberg und Haarburg im Eichsfeld.

Amöneburg und Bingen zerstört und auch die Mauern von Erfurt vom Landgrafen Ludwig eingerissen. Heinrich, Bischof von Würz= burg starb; für ihn Herold. 1166. Großer Ueberfluß an Getreide und Wein. Wieder zieht der Kaiser nach Italien.[1]) Nachdem Cunrad, der Erwählte für Mainz, vom Kaiser abgesetzt und die Kirche zwei Jahre lang verwaist war, wird Christian, zuerst in Frankfurt erwählt, wieder ein= gesetzt.[2]) Während der Kaiser sich im Gebiete von Ancona befand, begannen die Erzbischöfe von Mainz und Köln mit königlicher Mannschaft den Kampf gegen die Römer und wichen, nachdem einige wenige Deutsche gefallen waren, am ersten Tage allerdings als im Treffen besiegt zurück. Aber in der darauffolgenden Nacht erhoben sie sich vor Tages Anbruch, überfielen plötzlich die auf ihren vorhergegangenen Sieg stolzen und wegen der Menge der Ihrigen sorglosen Römer, machten gegen dreitausend Mann und zwei Cardinäle nieder und nahmen, wie man sagt, siebentausend gefangen.[3]) Nach diesem ungestümen Angriff zogen sie vor die Stadt Rom, hieben an den Kirchen der heiligen Gottesmutter Maria auf den Stufen und des heiligen Apostelfürsten Petrus die Thüren mit Aexten ein, zündeten die Kirchen selbst an, tödteten die Römer, welche sich zur Vertheidigung der Oertlichkeiten oder zu ihrem eigenen Schutze in das Innere geflüchtet hatten, mit dem Schwert, besudelten die Altäre mit Blut und nahmen keine Rück= sicht auf Frömmigkeit, keine — o Schmerz — auf die Religion.[4])

---

1) Am 31. October war er in Trient, rückte in den ersten Tagen des November in die Lombardei ein und brach am 11. Januar von Lodi in der Richtung nach Ancona auf. Selbstverständlich gehört also alles weiter von Italien Berichtete dem Jahre 1167 an. — 2) Die kaiserliche Ernennung erhielt er bereits 1165, die Weihe erst 1167. — 3) In ihren Berichten über diese Schlacht, welche bei Tusculum geschlagen wurde, wei= chen unsere Quellen mehrfach von einander ab, alle stimmen aber darin überein, daß sie mit einem glänzenden Siege der Deutschen geendet, und geben als Tag derselben den Pfingstmontag — 29. Mai — an. — 4) Auf die Nachricht von dem bei Tusculum er= fochtenen Siege schloß Kaiser Friderich nach etwa dreiwöchentlicher Belagerung, einen Vertrag mit den Anconitanern und zog vor Rom, wo er am 24. Juli ankam. Die Römer, beim ersten Zusammenstoße zurückgeworfen, verschanzten sich in der Peters= kirche. Da man ihnen nicht beikommen konnte, wurde Feuer an die zunächst gelegene Marienkirche gelegt, welches auch die' Peterskirche ergriff und viel darin Befindlichen zur Ergebung nöthigte.

Nachdem dies keďlich vollbracht war, ließ Papst Paschalis sogleich
die Altäre, als unter dem Papst Alexander befleckt, wegreißen und
neue errichten, Weihen von Bischöfen und Aebten vornehmen und
in allen Stücken Recht und Unrecht vermengen! Aber Gott, wel=
cher von der Höhe herab Alles sieht, ließ die der Mutter des
höchsten Königs und dessen Stellvertreter, dem heiligen Petrus, zu=
gefügten Unbilden keineswegs ungestraft. Im Augenblick nämlich
machte ein giftiger und stinkender Nebel fast das ganze Heer krank,
ergriff zunächst den Erzbischof von Köln, mehrere Bischöfe und
Herzoge und einige Mächtigere im Heere und tödtete sie sofort;
und dieselbe Tod bringende Seuche verfolgte den König, welcher
sich mit den Uebrigen, gleichsam derselben ausweichend, zurückzog,
und entseelte bald diese, bald jene und wieder Andere[1]), wobei
nach wunderbarem göttlichen Strafurtheil bei Jedem ein gewisses
schwarzes Zeichen zwischen den Schultern erschien. Dazu kam
noch, daß die Mailänder, welche nach dem Untergange ihrer Stadt
sich auf kaiserlichen Befehl vier Wohnstätten nach den vier Him=
melsgegenden errichtet hatten, aber nach vier Jahren, als der ihnen
eigenthümliche Stolz oder Muth wieder auflebte, vom König ab=
gefallen waren, und indem sich die vier Stadtschaften vereinigten,
das alte Mailand wieder aufgebaut hatten[2]), dem Kaiser mit
Beihilfe der übrigen Italiener hinterlistig nachfolgten und Einige
vom königlichen Heere tödteten und Viele gefangen wegführten.
Den Kaiser selbst zwangen sie zum Nachtheil der kaiserlicher
Majestät gebührenden Ehre, im Gegensatze zu der früheren aus=
gezeichneten Thatkraft, Italien endlich zu verlassen und die Alpen
zu übersteigen.[3]) Während der Kaiser in Italien verweilte, be=
fehdete Heinrich, Herzog von Bayern und Sachsen, nach Art des
Einhorns allein mit den Seinigen den Landgrafen Ludewig und

---

1) Auch der Schwabenherzog Friderich von Rothenburg, Sohn König Cunrads, fiel
der Seuche zum Opfer. — 2) Sie waren am 27. April 1167 unter dem Schutz der
Städte Cremona, Bergamo, Brescia u. a. in die verlassene und zerstörte Stadt zurück=
gekehrt. — 3) Er hatte nach seinem Rückzuge von Rom in der Lombardei überwintert
und verließ dieselbe im März 1168, von den Mailändern und ihren Verbündeten
verfolgt.

die übrigen Fürsten Sachsens beinahe zwei Jahre lang und weder die Zeiten der heiligen Observanz, noch die Treue des geleisteten Eides, noch die Bedingung des Friedens wurden von ihm beobachtet, dagegen ganz Sachsen und Thüringen, weil Tisiphone [1]) überall da und dort wüthete, durch Brand, Raub, Bestürmung von Burgen, Verstümmelung und Niedermachung Mehrerer, nicht geringe Zeit lang heimgesucht, so daß eine schlimme Sache und eine noch schlimmere Hoffnung Alle, sowohl Kleriker und Mönche, wie Weltliche, durch Schrecken daniederdrückte.[2])

1167. Der Kaiser ernannte, aus Italien zurückgekehrt, seinen Kanzler Philipp zum Bischof der Kirche von Köln[3]) anstatt Reinolds, eines zum Kriegshandwerk allerdings sehr brauchbaren Mannes. Durch diesen[4]) wurde die Kölner Kirche so erhöht, daß er die Leiber der drei evangelischen Vorfahren[5]) nach der Zerstörung der Stadt Mailand dahin übertrug. Hermann, Abt von Fulda, starb; für ihn wird Burchard, Abt von Hersfeld, eingesetzt. Die Abtwürde zu Hersfeld erhielt Willibold, welcher dieselbe lange vorher schon niedergelegt hatte. Papst Paschalis starb[6]); für ihn wird Calistus, auch Johannes genannt, der albanische[7]) Bischof, vom Kaiser eingesetzt.

1168. Rudolf, welchen die Mainzer nach dem Morde Arnolds als Bischof erwählt hatten, erlangt, nachdem er lange bei Alexander, auch Ruland genannt, in der Verbannung gelebt hatte, die Gnade des Kaisers wieder und wird von ihm zum Bischof der Kirche von Lüttich ernannt.

---

1) Eine der drei Furien. — 2) Die Fehde der verbündeten Fürsten, an deren Spitze Erzbischof Wicmann von Magdeburg, Bischof Hermann von Hildesheim, Markgraf Adelbert und Landgraf Ludewig standen, hervorgerufen durch die Gewaltthätigkeiten und Uebergriffe des Herzogs, begann damit, daß Erzbischof Wicmann mit dem Markgrafen am 20. Dezember 1166 vor des Herzogs Burg Alt-Haldensleben (nördlich von Magdeburg) zogen, und währte mit kurzen Unterbrechungen bis in's Frühjahr 1170, zu welcher Zeit der Herzog noch einen letzten Einfall in's Gebiet von Magdeburg machte. — 3) Philipp wurde 1167 nach Reinolds Tod ernannt und, aus Italien zurückgekehrt, am 29. September 1168 geweiht. — 4) Nämlich Reinold. — 5) Der drei Weisen aus Morgenland, welche hier, als die Ersten, die Christus angebetet, Vorfahren im Glauben an das Evangelium genannt werden. Ihre Uebertragung nach Köln fand statt am 24. Juli 1164. — 6) Am 20. September. — 7) Johannes von Struma war schismatischer Cardinalbischof in Albano.

1169. Hartwig, Bischof von Bremen, starb[1]); ihm folgte Baldewin; Hermann, Bischof von Hildesheim, reiste nach Jerusalem und starb auf der Rückreise[2]) eines seligen Todes. Dieser war schon längst mit Herzog Heinrich im Streite wegen der Willkür= herrschaft, welche dieser im Bisthum übte. Es folgte ihm der Propst zu Goslar.[3])

1170. Der Kaiser hielt am Geburtstage des heiligen Johannes des Täufers einen allgemeinen Reichstag zu Erfurt und versöhnte daselbst den Herzog Heinrich und die anderen Fürsten Sachsens, welche schon lange unter sich uneinig waren[4]), und so ruhte das Land einige Zeit aus. .

Graf Ernst, von seinen Feinden überlistet und im Gefängniß gehalten, erleidet — ungewiß, ob aus Eifer für die Gerechtigkeit, oder um den Neid zu befriedigen — die Todesstrafe.[5]) Mark= graf Adelbert starb. Auch starb Gerung, Bischof von Meißen, dem Martin, ein Domherr derselben Kirche, folgte.

1171. Christian von Mainz, der eine Gesandtschaft des Kaisers besorgt, kehrte von Constantinopel zurück[6]) und brachte Reliquien von Heiligen mit. Johannes, Bischof von Merseburg, starb[7]); ihm folgte Eberhard.

1172. Um Weihnachten wehte ein heftiger Wind, so daß er an vielen Orten die Mauern nicht wenig beschädigte. Bei den Polen

---

1) Der Tod des Erzbischofs erfolgte im Jahre 1168. An seiner Stelle wurden zwei Erzbischöfe erwählt, nämlich Sigefrid, der Sohn des Markgrafen Adelbert, und der Decan Ctbert, welche beide 1169 vom Kaiser verworfen und dafür Baldewin, Propst an der Hauptkirche zu Halberstadt, gesetzt wurde. — 2) Zu Susa im Jahre 1170. — 3) Adelhog genannt. — 4) Gewöhnlich nimmt man, auf das Zeugniß Helmolds gestützt, an, daß die Beilegung der Fehde schon im Sommer 1169 auf dem Reichstage zu Bam= berg erfolgt sei; diese Annahme wird durch die, allerdings vereinzelte Nachricht der Jahrbücher von Pöhlde von den im Frühjahre 1170 durch den Herzog verübten Feind= seligkeiten, sowie durch die vorliegende Nachricht unserer Chronik einigermaßen in Frage gestellt. — 5) In den Jahrbüchern von Reinhardsbrunn steht: „Graf Ernest, der vom Grafen Ludwig lange in Haft gehalten war, wird auf des Kaisers Befehl enthauptet." Weiter ist darüber nichts bekannt. Man hält ihn für einen Grafen von Gleichen. — 6) Von dieser Gesandtschaftsreise wissen andere gleichzeitige Quellen nichts. — 7) Bereits im October 1170.

entsteht ein Streit mit Herzog Misico [1]), weshalb der Kaiser ein
Heer aufbietet und dahin zieht. Als er in Polen einrückte, kam
ihm der vorgenannte Misico entgegen, bat um Frieden und erhielt
ihn, nachdem er eine nicht unansehnliche Summe Geldes als Strafe
erlegt. Als darauf die Fürsten vom Feldzuge zurück waren, starb
Lodewig, Landgraf von Thüringen, dessen Sohn L.[2]) den Titel
und die Herrschaft des Vaters erlangte. Gelphrad, Abt von Er=
furt, starb; unter ihm erlitt diese Kirche viel Unglück. Es folgte
ihm aber Peregrin, ein Mönch desselben Klosters.

1173. Ladislaus, König von Böhmen, verlor seine Herrschaft.
Ubalrich, welcher unter ebendemselben viele Jahre in Gefangen=
schaft zugebracht hatte, übernahm die Regierung.[3])

1174. Der Kaiser feierte die Geburt des Herrn zu Erfurt[4]),
wo er, nachdem Willimar, Bischof von Brandenburg, gestorben
war, Sigefrid[5]), den Sohn des Markgrafen Adelbert, an dessen
Stelle setzte.

In diesem Jahre fehlte es im Sommer wegen fortwährenden
Windes an der gewöhnten Wärme, weshalb auch Wein und Ge=
treide an vielen Orten zu Grunde gingen. Auch entstand im Herbste
wegen beständigen Regens und anhaltenden Windes eine nicht unbedeutende Ueberschwemmung. Der Kaiser zog mit gesammeltem
Heere wieder nach Italien.[6])

---

1) Nämlich zwischen den Söhnen des vertriebenen Herzogs Wladizlaus II., welchen
1163 nach ihres Vaters Tod ihre Oheime auf kaiserliche Verwendung Schlesien überlassen hatten, und ihrem Oheim Misico (Mieczeslaus), der um diese Zeit seinem Bruder
Bolezlaus in der Regierung gefolgt war. Diese kaiserliche Intervention hatte wohl nur
den Zweck, das deutsche Oberhoheitsrecht zu wahren. — 2) Ludewig III. — 3) König
Ladislaus (Wladizlaus II.) hatte, vom Alter gebeugt, seinem Sohne Friderich Reich und
Würde abgetreten, ohne vom Kaiser die Erlaubniß dazu eingeholt zu haben. Deßhalb
wurden Vater und Sohn an Weihnachten 1172 abgesetzt. An ihre Stelle trat — jedoch
nur mit der Herzogswürde — ihr Vetter Sobezlaus II., der Sohn des 1140 verstorbenen Herzogs
Sobezlaus I. (nicht Ubalrich, ein anderer Sohn des älteren Sobezlaus), welcher seit 1161 wegen
eines Handstreiches auf die Stadt Olmütz von Ladislaus im Gefängniß gehalten war. —
4) Da unsere Chronik das Jahr mit Weihnachten beginnt, so ist hier von Weihnachten
1173 die Rede Die großen kölnischen Jahrbücher lassen den Kaiser diese Zeit zu Altenburg
in Sachsen zubringen. — 5) 1168 zum Erzbischof von Bremen erwählt. S. d. J.
1169 A. 2. — 6) Er verließ Deutschland in der zweiten Hälfte des August, nahm seinen
Weg durch Burgund und über den Mont Cenis und kam Ende September auf italieni-
schem Gebiete an. Susa wurde genommen und verbrannt, Turin und andere Plätze er-

1175. Willibold, Abt von Hersfeld, starb; an seine Stelle wird Adolf, ein Mönch desselben Klosters, gesetzt. Auch war die Dürre des Sommers groß.

Es wird auch erzählt, daß einige Gebäude durch Blitzfeuer vernichtet wurden. Die Wuth der Flammen brachte an verschiedenen Orten nicht geringen Schaden. Wie denn auch die Stadt Erfurt mit einigen Kirchen der Heiligen am 3. Juli theilweise vom Feuer verzehrt wurde.

1176. Hermann, Graf von Orlamünde[1]), starb.

Als der Kaiser am 29. Mai gegen Pavia zog, gerieth er unversehens in einen Hinterhalt der Mailänder und kämpfte mit geringer Mannschaft gegen ihre unermeßliche Menge; er verlor fast seine gesammte Begleitung, Wenige der Seinen wurden auch niedergemacht, Mehrere aber gefangen; er selbst aber schlug als tapferer Kriegsmann und guter Kaiser eine außerordentliche Menge der Feinde mit dem Schwerte darnieder. Endlich rettet er, da sich die Sonne bereits neigt, ermüdet vom Kampfe und überwunden, nicht durch die Tüchtigkeit, sondern durch die Menge der Feinde, das Leben durch die Flucht und kehrt mit den Seinen, die kaum noch leben, nach Como, von wo er ausgezogen, zurück.[2]) In diesem Jahre erlitt der Mond am 20. October eine Verfinsterung. Burchard, Abt von Fulda, starb.

1177. Rugger, Abt von Fulda, starb.

gaben sich freiwillig, Asti nach achttägiger Belagerung. Die übrige Zeit des Jahres verging mit erfolgloser Belagerung von Alessandria, eines erst 1168 von den Mailändern und ihren Verbündeten am Einflusse der Bormida in den Tanaro neu angelegten und und dem Papste zu Ehren nach ihm benannten festen Platzes.

1) Sohn des Markgrafen Adelbert von Ballenstedt. — 2) Der Kaiser bewegte sich mit den eben erst aus Deutschland herangekommenen Truppen in südlicher Richtung, um sich mit den Pavesern zu vereinigen. Bei Legnano stieß er auf das Heer der verbündeten Städte. Die Vorhut wurde nach kurzem Kampfe geworfen, der Kern des Heeres aber hielt Stand. Da während des Kampfes immer neue Heerhaufen der Verbündeten eingriffen, so entschied endlich die Uebermacht zu Gunsten der Städter. Den Anstoß zur allgemeinen Flucht gab nach Otto von St. Blasien ein unerwarteter Flankenangriff der Brescianer. Die Kaiserlichen wichen in Unordnung, theils gegen Como, theils gegen den Tessin, in dessen Wellen Viele den Tod fanden. Friderich selbst galt allgemein als todt, bis er nach einigen Tagen, fast allein, bei Nacht in Pavia eintraf. Unsere Chronik verwechselt Pavia mit Como.

Am Feste des heiligen Jacob werden durch die Vermittelung des Erzbischofs Christian von Mainz der Kaiser und der Papst zu Venedig nach achtzehnjährigem Unfrieden wieder versöhnt und Calixtus mit Einwilligung des Königs verworfen.[1]) Alexander gilt als Papst, die Verordnungen werden abgeändert. Der Kaiser, mit dem Papste in Frieden, lebt jetzt ungehindert in der früher unerlaubten Ehe[2]), wie der Komiker sagt: Was gesagt, ist nicht gesagt, was gethan, ist nicht gethan.[3]) Udalrich, Bischof von Halberstadt, wird nach Absetzung Gero's wieder eingesetzt. Christian wird als Erzbischof von Mainz bestätigt; sein noch am Leben befindlicher Vorgänger Cunrad wird nach Vertreibung Adelberts, des Bischofs von Salzburg, auf dessen Stuhl gesetzt.[4])

1) Kaiser Friderich hatte bereits nach der verlorenen Schlacht bei Legnano Friedensunterhändler an Papst Alexander geschickt und war nach fünfzehntägigen Berathungen eine vorläufige Verständigung erzielt worden. Nachdem in der ersten Hälfte des Jahres 1177 alle noch vorhandenen Schwierigkeiten beseitigt waren, kam Friderich am Abend des 23. Juli im Kloster des heil. Nicolaus auf dem Lido vor Venedig an. Des anderen Tages in aller Frühe durch Abgesandte des Papstes vom Banne losgesprochen, wurde er vom Dogen von Venedig feierlich nach der Stadt geleitet und daselbst vor der Marcus-Kirche vom Papste mit dem Friedenskusse empfangen. Als am darauffolgenden Tage, d. h. am Feste des heil. Jacobus, der Papst nach gefeiertem Meßopfer zu Pferde stieg, war es, daß ihm der Kaiser den Bügel hielt. Der feierliche Friedenschluß fand am 1. August statt. Durch denselben wurden die Erzbischöfe Christian von Mainz und Philipp von Köln und einige andere vom Kaiser während des Schisma ernannte Kirchenfürsten vom Papste bestätigt, mit den Lombarden ein sechsjähriger und mit König Wilhelm II. von Sicilien ein fünfzehnjähriger Waffenstillstand abgeschlossen. — 2) Friderich hatte im Jahre 1153 auf einer Kirchenversammlung zu Constanz in Gegenwart päpstlicher Legaten seine Ehe mit Adelheid von Vohburg aus dem allerdings nicht stichhaltigen Grunde zu naher Verwandtschaft — anderen Quellen zufolge wegen Ehebruchs — für ungültig erklären lassen und sich drei Jahre später mit Beatrix von Burgund vermählt. Daß er deshalb von Papst Adrian IV. mit dem Bann belegt worden sei, wird blos von einer vereinzelten Lothringer Quelle berichtet, während aus einem Schreiben des Papstes Alexander III. ersichtlich wird, daß erst dieser es war, welcher 1160 den Bannfluch über den Kaiser aussprach, und zwar nicht wegen seiner zweiten Ehe, sondern weil er den Gegenpapst Octavian nicht aufgab. — 3) Plaut. Amphitruon III, 2. — 4) Adalbert, der Sohn des 1172 abgesetzten Königs Ladislaus von Böhmen, 1168 zum Erzbischof von Salzburg erwählt, 1174 aber von einer Kirchenversammlung zu Regensburg auf kaiserlichen Wunsch abgesetzt, weil er dem Papst Alexander anhing, war deutschen Quellen zufolge das Opfer eines Compromisses zwischen dem Papst und dem Kaiser, welcher erstere den seinetwegen abgesetzten Erzbischof Cunrad von Mainz, letzterer seinen Kanzler Christian nicht wollte fallen lassen. Dagegen berichtet uns Erzbischof Romuald von Salerno, er habe, beim Papste der Simonie angeklagt, freiwillig auf seine Würde verzichtet. [Daß eine solche Anklage erfolgt ist, wird auch durch die Chronik von Reichersberg bestätigt.

Die Ordinationen und Consecrationen der früher aufgedrungenen Bischöfe [1]) werden für ungiltig erklärt. Durch kaiserliche Verordnung und Senatsbeschluß wird auf sieben Jahre Frieden gemacht.[2]) Durch päpstliche Machtvollkommenheit wird für das nächste Jahr auf den Sonntag Sexagesima ebenda, d. h. zu Venedig, eine allgemeine feierliche Synode der Bischöfe und Aebte der verschiedenen Provinzen angesagt.[3])

1178. Am 20. Mai brachte wieder ausbrechendes Feuer Erfurt großen Schaden. Der Kaiser kehrt aus Italien zurück.[4]) Adelbert, Pfalzgraf von Sachsen, starb ohne Erben.[5]) Ein langwieriger Winter, so zwar, daß er vom 21. October bis beinahe zur Mitte der Fastenzeit dauerte.

1179. Im Monat August, am neunzehnten Tage nämlich, erleidet in der Nacht der Mond eine Verfinsterung, am Tage aber wurde ein purpurrother Kreis um die Sonne gesehen.

Um diese Zeit [6]) entsteht eine schwere Fehde zwischen Heinrich, dem Herzog von Bayern und Sachsen, und einigen anderen Fürsten [7]), insbesondere aber den Bischöfen von Köln und Halberstadt, welche in Kurzem derart überhandnahm, daß der Herzog die Güter der Kölner Kirche so durch Brand wie durch Plünderung nicht wenig schädigte. Aber der Bischof verheerte auch nicht minder die Besitzungen

---

1) Der vom Kaiser eingesetzten Gegenbischöfe. — 2) f. S. 44 A. 1. — 3) Dieselbe fand erst im März 1179, und nicht in Venedig, sondern zu Rom statt. — 4) Er nahm den Weg durch Burgund, wurde am 30. Juli zu Arles gekrönt, hielt am 15. August Hof zu Besançon und war am 31. October zu Speyer. — 5) Adelbert von Sommerschenburg, Sohn Friderich des Jüngeren von Sommerschenburg. Er starb den Jahrbüchern von Pöhlde zur Folge erst 1179. — 6) Die Fehde mit Bischof Udalrich begann sofort nach dessen Restaurirung im Jahre 1177 und wurde noch in diesem Jahre des Bischofs Burg Horneburg (Hornburg, zwischen Braunschweig und Halberstadt), von wo aus er häufige Einfälle in das Gebiet des Herzogs machte, zerstört. Im darauffolgenden Jahre zog Erzbischof Philipp, durch den Herzog gekränkte Erbrechte geltend machend, unter Plünderung und Verwüstung bis zur Weser. Durch die Bemühungen des Erzbischofs Wichmann von Magdeburg kam eine kurz dauernde Waffenruhe zu Stande, welcher dann im Jahre 1179 die von unserer Chronik berichteten Ereignisse, sowie die erfolglose Belagerung der herzoglichen Burg Neuhaldensleben durch die Erzbischöfe Philipp und Wichmann und den Landgrafen von Thüringen folgte. — 7) Als Verbündete der geistlichen Fürsten werden uns genannt: Graf Bernhard von Anhalt, Sohn des 1170 verstorbenen Markgrafen Adelbert, Markgraf Otto von Meißen, Sohn des 1157 verstorbenen Markgrafen Cunrad von Wettin, und Landgraf Ludewig von Thüringen.

des Herzogs und schonte weder Kirchen noch Klöster, als er, um die erlittene Beleidigung zu rächen, mit gesammelter Schaar in Sachsen eindrang.

Gero, seinerzeit Bischof von Halberstadt, hatte Herzog Hein= rich einige Güter zu Lehen gegeben, welche jetzt Bischof Udalrich von dem Herzog unter Androhung des Bannes zurückverlangte, indem er behauptete, daß das, was jener aufgedrungene Bischof zur Zeit der Kirchenspaltung gethan habe, ungiltig sei. Dieser Streit erhitzte sich so sehr, daß die Leute des Herzogs sich sammel= ten und jene im ganzen Reiche berühmte Burg Halberstadt an= griffen und eroberten, die Hauptkirche mit vielen Häusern[1]), sowohl der Geistlichkeit wie der Laien, und anderen Kirchen der Heiligen verbrannten.[2]) Zuletzt, nachdem sie die offene Stadt verbrannt, die Burg zerstört, Viele getödtet, noch Mehrere gefangen hatten, führten sie den Bischof Udalrich selbst als Gefangenen fort und brachten ihn dem Herzog. Ob eines so großen Unglücks bestürzt lagen die Fürsten dem Kaiser mit häufigen Klagen über den Her= zog, sowohl wegen dieser als anderer Ausschreitungen in den Ohren. Der Herzog wurde also nach dem Brauche bei Fürsten vorgeladen und da er nicht kam und auch die Gesandten des Kaisers selbst nicht in Ehren hielt, fiel er bei der Majestät in Ungnade. Zu eben dieser Zeit war auch eine nicht unbedeutende Fehde zwischen dem Landgrafen Lodewig und den Erfurtern, welche es mit Hilfe einiger Grafen[3]) wagten, sich gegen ihn zu empören.

1180. Sigefrid, Bischof von Brandenburg, wird vom Kaiser als Haupt der Kirche von Bremen eingesetzt, wo er schon vor mehre= ren Jahren erwählt war.[4]) Berchtold aber, dem Erwählten für Bremen[5]), wird die Bischofswürde an der Kirche zu Metz ge=

---

1) Dieses Wort fehlt im lateinischen Text, muß aber ergänzt werden. — 2) Am 23. September. — 3) Unter Anderen des Grafen Erwin von Gleichen, Schirmvogt des Petersklosters. Diese Fehde begann übrigens nach den Jahrbüchern des Petersklosters schon im Jahre 1177 aus uns nicht bekannten Gründen und scheint 1179 beendet worden zu sein. — 4) s. b. J. 1169 A. 1. — 5) Berchtold war 1178 nach dem Tode Balbewins zum Erzbischof von Bremen erwählt, erhielt aber auf dem lateranensischen Concil 1179 aus kanonischen Gründen nicht die päpstliche Bestätigung.

geben. Die Fürsten belagern mit vereinigtem Heere die herzogliche Burg Haldensleben, nehmen sie ein und zerstören sie.[1]) Der Herzog selbst[2]) brachte auch ihnen nicht gewöhnlichen Schaden; hierauf zündet er auch die königliche Stadt Nordhausen an, zieht von hier mit einem Kriegsheere nach Thüringen und kommt, Vieles zerstörend, vor die königliche Stadt Mühlhausen, nimmt sie ein und steckt sie in Brand. Als Landgraf Ludewig, welcher vom Kaiser, seinem Oheim[3]), zum Schutze von Goslar[4]) abgesendet war, so schwerwiegende Botschaft erhielt, kam er eilends herbei, sammelte so viel Mannschaft, als für den Augenblick möglich war, und beschloß den schon im Abzug begriffenen Herzog zu verfolgen, und als er ihn an der Grenze Thüringens[5]) traf, verlor er, da das Gefecht ohne Ueberlegung geführt wurde, viele der Seinen. Daher wurde auch am 14. Mai, nachdem auf beiden Seiten Viele gefallen waren, Landgraf Ludewig selbst mit seinem Bruder Hermann und vielen Anderen gefangen fortgeführt. Cristan[6]) von Mainz wird während seines längeren Aufenthalts in Italien durch die List des Markgrafen von Montferrat getäuscht und gefangen

---

1) Die zweite Belagerung von Neuhaldensleben durch den Erzbischof Wichmann begann am 1. Februar 1181. Der Platz wurde durch die Stauung der Ohre und der Bever unter Wasser gesetzt, auf diese Weise zur Uebergabe genöthigt und von Grund aus zerstört. — 2) Heinrich war, was unsere Chronik erst beim Jahre 1181 berichtet, auf dem Mitte Januar 1180 zu Würzburg abgehaltenen Reichstage wegen seiner Eingriffe in die Rechte und Freiheiten der Kirche und des Adels und weil er sich, wiederholt an ihn ergangener Vorladung ungeachtet, nicht zur Verantwortung gestellt, durch einmüthigen Spruch der Fürsten als Hochverräther in die Acht erklärt und ihm seine beiden Herzogthümer, sowie alles Andere, was er vom Reiche zu Lehen hatte, abgesprochen worden. — 3) Ludewigs Mutter Jutta war die Halbschwester Kaiser Friderichs. — 4) Herzog Heinrich zog acht Tage nach Ostern, da die nach seiner Aechtung mit den Fürsten vereinbarte Waffenruhe abgelaufen war, zunächst vor Goslar, zerstörte die Bergwerke und Hochöfen der Stadt, konnte diese selbst aber nicht in seine Gewalt bekommen. Von hier wendete er sich in den ersten Tagen des Monats Mai gegen Thüringen. Wenn Landgraf Ludewig wirklich, wie unsere Chronik berichtet, zum Schutze von Goslar aufgebrochen war, so hat er den im Anmarsch gegen Nordhausen begriffenen Herzog entweder verfehlt, oder dieser war ihm absichtlich ausgewichen. — 5) Bei Weißensee. Außer den Thüringern betheiligten sich auch Sachsen unter ihrem neuernannten Herzog Bernhard von Anhalt am Kampfe. Die Jahrbücher von Pegau, welche am ausführlichsten darüber berichten, schreiben den Verlust der Schlacht dem Umstande zu, daß die Thüringer zu früh, d. h. ehe sie mit den Sachsen vereinigt waren, angriffen und dann nicht Stand hielten. — 6) Erzbischof.

und lange in engem Gewahrsam gehalten.[1]) Udalrich, Bischof von Halberstadt, so gut es anging, aus dem Gefängnisse des Herzogs erlöst, starb nicht lange darauf[2]); Theoderich folgte ihm. Auch Hugo, Bischof von Verden starb; ihm folgte Tammo.

Adolf verlor die Abtei von Hersfeld, welche Sigefrid, Abt in Naumburg, erlangte. Graf Heinrich[3]), der Bruder des Landgrafen Lodewig, starb.

1181. Der Kaiser feierte die Geburt des Herren zu Erfurt. Bei seinem Weggehen sagte er den Fürsten des ganzen Reiches bis auf Pfingsten[4]) eine allgemeine Heerfahrt gegen Herzog Heinrich an. Da der Kaiser demselben, als dem Edelsten seiner Abstammung nach und dem Vornehmsten unter allen Vornehmen des Reiches durch seinen ehrenvollen Besitz, nach dem Rathe der Fürsten viele Fristen und mehrere königliche Hoftage bestimmt hatte, um sich ob seines gegen Reich und Fürsten begangenen Unrechtes zu verantworten, er aber zu erscheinen sich weigerte, so wird er in beiden Herzogthümern abgesetzt und aller Lehen und Besitzungen verlustig erklärt. Das Herzogthum Bayern erhielt Otto, der Pfalzgraf der Bayern[5]), ein Bruder des Salzburger Bischofs Cunrad, die pfalzgräfliche Würde aber erhielt sein gleichnamiger Bruder. Viele Lehen, welche der Herzog gehabt, fielen an die Kirche zurück. Der Kaiser zieht also, wie er beschlossen, nach Pfingsten umgeben von einer großen Menge Ritter und Fürsten nach Sachsen, und da sich sogleich Alles, was dem Herzog gehört, ihm ergiebt[6]), erringt er in kurzer Zeit und ohne Blutvergießen den Sieg. Durch plötzlich hereinbrechendes Unheil verliert ein Mann, wie Deutschland keinen größeren hatte, wider Erwarten getäuscht durch die Unverläßlichkeit der Seinen, deren Treue er seine Burgen und befestigte

---

1) Er wurde bereits im Jahre 1179 von Conrad, einem Sohne des Markgrafen Wilhelm von Montferrat und Anführer einer dem Papste feindlichen Adelspartei, gefangen genommen und den großen kölnischen Jahrbüchern zufolge 1181 gegen Erlegung einer beträchtlichen Geldsumme freigegeben. — 2) Er wurde an Weihnachten 1179 freigegeben und starb am 30. Juli 1180. — 3) Heinrich Raspe II. — 4) 24. Juni. — 5) Dies geschah bereits Ende Juni 1180 zu Regensburg. — 6) Am 15. August 1180 wurden den Anhängern des Herzogs drei Fristen — 8. September, 29. September und 11. November — gesetzt, um sich der kaiserlichen Gewalt zu unterwerfen.

Städte anvertraut hatte, die jeder Einzelne ohne Belagerung, ohne Sturm übergiebt, schnell seinen unermeßlichen Besitz. Bischof Cristan wird, nachdem er Geißeln statt seiner gestellt, aus der Gefangenschaft entlassen [1]), um sich durch viel Geld loszukaufen. Papst Alexander, auch Roland genannt, starb [2]); ihm folgte Lucius, auch Hubert genannt, Bischof von Ostia. [3])

Als Herzog Heinrich sich seines ganzen Besitzes sowie der Hilfe der Seinigen beraubt sah, beugte er sich endlich, zu spät, vor der königlichen Majestät, entließ den Landgrafen Lodewig und seinen Bruder Hermann aus der Gefangenschaft und schickte sie, gleichsam als Vermittler des Friedens, an den Kaiser. Hierauf verließ der Kaiser Sachsen und sagte gegen das Fest des heiligen Martin [4]) einen allgemeinen Reichstag zu Erfurt an. Dahin kam eben dieser Heinrich, nachdem er sicheres Geleite erhalten, in Begleitung Wigmanns, des Bischofs von Magdeburg, und übergab sich der königlichen Gnade. Hiernach wird durch Urtheil der Fürsten, deren eine zahlreiche Menge zugegen war, entschieden, daß er das deutsche Reich meiden solle, bis er vom Kaiser zurückgerufen würde. [5]) Als Zeitpunkt seiner Abreise wird das Fest des heiligen Jacob [6]) bestimmt. [7]) Eben da wird Hermann, der Bruder des Landgrafen Lodewig, als Pfalzgraf von Sachsen eingesetzt, nachdem sein Bruder diese Würde freiwillig niedergelegt hatte. Das Herzogthum Sachsen hatte nämlich der Kaiser dem Grafen Bernhard von Anhalt, dem Bruder des Bischofs Sigefrid von Bremen, den jenseits der Weser gelegenen Theil dieses Herzogthums aber dem Bischof Philipp von Köln zu Lehen gegeben. [8]) Nachdem hierauf ein all=

1) f. b. J. 1160 S. 48 A. 1. — 2) Am 30. August. — 3) Wurde gewählt am 1. und geweiht am 6. September. — 4) 11. November. Die Jahrbücher von Pöhlde geben als Zeit dieses Reichstages das Fest des heiligen Andreas — 30. November — an, was mit den aus Erfurt datirten Urkunden besser übereinstimmt. — 5) Nach anderen Quellen wurde die Dauer der Verbannung auf drei Jahre festgesetzt. — 6) 25. Juli. — 7) Seine Erblande mit den Städten Braunschweig und Lüneburg wurden dem Verbannten gelassen. — 8) Dies geschah auf dem Reichstage zu Gelnhausen am 13. April 1180, auf welchem auch dem Landgrafen Lodewig die pfalzgräfliche Würde übertragen wurde. Den Kölner Antheil bildeten die zum Erzstifte und zum Bisthum Paderborn gehörigen Ländereien.

gemeiner Landfriede angesagt war, kehren die Einzelnen vergnügt nach Hause zurück.

1182. Reinboto, Graf von Bichelingen, starb.

Heinrich, früher Herzog, verläßt, der bisherigen Leiden überdrüssig, dem kaiserlichen Befehl folgend, das deutsche Reich und lebt bei seinem Schwiegervater, dem König von England [1]), in der Verbannung.

1183. Otto, welchem der Kaiser das Herzogthum Bayern verliehen hatte, starb.[2]) Sein Sohn Lodewig, ein noch sehr zarter Knabe, erhielt durch die Gnade des Kaisers das Herzogthum, die gesammte Regierungsgewalt verblieb aber seinen Vatersbrüdern, nämlich dem Bischofe von Salzburg und Otto, dem Pfalzgrafen von Bayern, bis er selbst das Jünglingsalter erreichen würde. Cristan von Mainz, der schon zwölf Jahre in Italien zugebracht, starb; ein durch äußere Erscheinung, Klugheit, Beredtsamkeit und Kriegserfahrenheit ausgezeichneter und trefflicher Mann. Nachdem dieser im Monat August gestorben, wird Cunrad, Bischof von Salzburg, der Gesandte des apostolischen Stuhles, seinem früheren Sitze zu Mainz, seiner Kirche nämlich, wiedergegeben.[3]) Adelbert aber, seit längerer Zeit vertrieben [4]), wird der Salzburger Kirche vorgesetzt.

Zur Zeit des Frühjahres brachte ein heftiger und anhaltender Wind großen Schaden, indem er nicht nur die Samenkörner, sondern auch selbst den Boden, dem sie anvertraut waren, fortführte.

1184. Der Kaiser feierte Pfingsten[5]) mit den Fürsten des gesammten Reiches sehr glänzend zu Mainz, wo auch zwei seiner Söhne, nämlich Cunrad[6]), welchen er zum Herzog von Schwaben gemacht, und Heinrich[7]), welchem die Regierung des Reiches zugedacht war,

---

1) Heinrich II. — 2) Am 11. Juli. — 3) s. d. J. 1165 u. 1177. — 4) s. d. J. 1177 A 4. 5) 20. Mai. — 6) Vielmehr Friderich, welcher, nachdem sein gleichnamiger Vetter im Jahre 1167 in Italien gestorben, als höchstens einjähriges Kind von seinem Vater das Herzogthum Schwaben erhielt und bereits in einer Urkunde vom Jahre 1170 als Herzog erscheint. — 7) Am 15. August 1169 zu Aachen als König gekrönt.

durch die ritterlichen Gelübbe verpflichtet wurden.[1]) Daselbst war auch der vorgenannte Herzog Heinrich[2]), dessen sich Cunrad, der Erzbischof von Mainz, annahm, erlangte aber Nichts von der kaiserlichen Gnade. Ebenda begab sich durch einen unglücklichen Zufall ein sehr merkwürdiges Ereigniß. Eine mit ungemeiner Pracht aus Holz errichtete Capelle, in welcher eben am hohen Pfingstfeste die heiligen Geheimnisse gefeiert worden waren, stürzte vor Sonnenuntergang infolge eines plötzlichen Sturmwindes ganz ein[3]) und erschlug Einige vom Volke, welche darin waren. Nach beendeter Feier schickte der Kaiser seinen Sohn, den König Heinrich, mit einem Heere nach Polen[4]), Cunrad aber den Herzog von Schwaben zugleich mit Philipp von Köln und vielen Anderen gegen den König von Frankreich.[5]) Der Kölner aber rückte, ohne zu warten bis die Seinigen vollzählig beisammen waren, auf das Gebiet von Frankreich ein, und mußte nicht ohne Verlust an Leuten zurückweichen. König Heinrich kam auf dem Zuge gegen Polen nach Erfurt und fand daselbst Cunrad von Mainz in heftigem Streit mit dem Landgrafen Lodewig ob des dem Bisthum zugefügten Schadens. Als er, bemüht den Frieden zwischen denselben herzustellen, von Vielen umgeben in einer Oberstube zu Rath saß, brach plötzlich das Gebäude zusammen und Viele stürzten in die darunter befindliche Abtrittsgrube, deren einige mit Mühe gerettet wurden,

---

1) Beide Prinzen wurden am Pfingstmontage wehrhaft gemacht und legten daher die bei dieser Feier üblichen Gelübbe ab. — 2) Der abgesetzte Bayerherzog. — 3) Da die Stadt der Menge der Fremden nicht aufzunehmen vermochte, waren auf der Ebene zwischen dem Rhein und dem Main ein Palast für den Kaiser samt daranstoßender Capelle und mehrere andere Gebäude, alles von Holz, und, wie der Erfolg zeigte, nicht in solidester Weise errichtet. — 4) Wahrscheinlich sollte der im Jahre 1177 von seinem Bruder Kasimir vertriebene Herzog Misico, welcher die Hilfe des Kaisers angerufen, wieder eingesetzt werden. Nachdem aber der wichtigere Zweck der Heerfahrt, die Geltendmachung der deutschen Oberherrlichkeit, mit der Unterwerfung Kasimirs erreicht war, wurde auf den Vertriebenen keine weitere Rücksicht mehr genommen. — 5) Der Kaiser nahm sich seines Lehnsmannes, des Grafen Philipp von Flandern an, welchem König Philipp August] die Grafschaft Vermandois, die ihm seine Gemahlin zugebracht, nach deren kinderlosen Tode entziehen wollte. Von weiteren Schritten Friderichs zu Gunsten des Grafen erfahren wir nichts. Im Jahre 1125 wurde der Friede dadurch hergestellt, daß letzterer die von ihm in der streitigen Grafschaft besetzten Burgen dem König herausgab.

während andere im Moraſt erſtickten. Daſelbſt ſtarben: Friderich, Graf von Abinberc[1]), Heinrich[2]), ein Graf aus Thüringen, Goz= mar[3]), ein heſſiſcher Graf, Friderich, Graf von Kirchberg, Burchard von Wartburg und Andere geringeren Namens am 26. Juli eines kläglichen Todes.

Der König kam, um, wie er beſchloſſen, gegen Polen zu ziehen, nach Halle, wo, als man ihn mit dem gebührenden Geleite einholte, plötzlich die Glocken verſtummten, da die Stricke zerriſſen. Als er von da weiter zog, empfing er Geſandte von Polen, welche um Frieden baten, er gewährte denſelben und kehrte ſo im Frie= den zu ſeinem Vater zurück. Der Kaiſer nahm den Mainzer[4]), den Landgrafen Lodewig und noch einige andere Fürſten zu ſich und zog friedlich nach Italien.[5])

Die Kaiſerin Beatrix ſtirbt[6]) zugleich mit ihrem Töchterchen, welches, obgleich ſehr klein, doch mit dem Sohne des Königs von Ungarn verlobt war, und wird zu Speyer begraben.

Sigefried, Erzbiſchof von Bremen, ſtarb.

1185. Markgraf Theoderich ſtarb. Seine Mark erhielt ſein Bruder Teto.[7])

1186. Papſt Lucius ſchied aus dem Leben[8]), Urban folgte ihm.[9]) Uto, Biſchof von Zeitz, ſtarb, für ihn Berchtold. Reinhard, Biſchof von Würzburg, ſtarb[10]); für dieſen wird Gotefrid, Kanzler des Kaiſers, eingeſetzt. Der Kaiſer feierte die Hochzeit ſeines Soh= nes[11]) zu Mailand und verband ihn ehelich mit der Tochter des

---

1) Abenberg. — 2) von Schwarzburg. — 3) von Ziegenhain. — 4) Erzbiſchof. — 5) Er verließ Deutſchland im Auguſt, kam im September nach Mailand und zog von hier über Pavia und Cremona nach Verona, wo er eine Unterredung mit dem daſelbſt befindlichen Papſt Lucius hatte, welche die Beſtätigung einiger während des Schismas geweihter Geiſtlichen, die zwieſpältige Biſchofswahl zu Trier und die Erbgüter der Markgräfin Mathilde betraf. Ueber keinen dieſer Punkte kam es zur gewünſchten Ver= ſtändigung. — 6) Im November. Der Tag wird verſchieden angegeben. — 7) Theode= rich von Landsberg, Markgraf der Lauſitz, und Teto, Graf von Rochlitz und Groitzſch, waren Söhne des Markgrafen Conrad von Wettin. — 8) Am 25. November 1185. — 9) Urban, vor ſeiner Erwählung Umbert genannt und Erzbiſchof von Mailand, wurde noch am Sterbetag ſeines Vorgängers erwählt und am darauffolgenden Sonntag — 1. Dezember — geweiht. — 10) Er ſtarb ſchon 1184. — 11) Am 27. Januar.

Königs von Sicilien [1]), wobei alle Fürsten Italiens und sehr viele
des deutschen Reiches, wie es sich gegenüber der königlichen Würde
ziemte, in Ehren und Freuden gegenwärtig waren.

Die schwere Fehde zwischen Cunrad, dem Erzbischof vom
Mainz, und dem Landgrafen Lodewig bricht von Neuem aus;
einige Ortschaften werden in Thüringen und Hessen von ihren
Kriegsleuten zerstört, vom Bischof wird die Burg Heiliginberc [2]),
vom Landgrafen die zu Gruninberc [3]) erbaut.

1187. Die schweren und für den ganzen Erdkreis jammer=
vollen Plagen dieses Jahres werden vollständiger als hier nach den
Aufzeichnungen des Jahres 1208 gefunden. [4]) Am 4. September
um die sechste Stunde des Tages wurde bei heiterem Himmel die
Sonne verfinstert und hatte das Aussehen wie der Mond, wenn
er vierundzwanzig Tage alt ist. Papst Urban starb [5]); für ihn
wird Gregor, ein heiliger Mann, eingesetzt, welcher nach vier
Monaten und zehn Tagen eines seligen Todes starb. [6]) In die=
sem Jahre kämpfte am 14. Juli Salabin [7]), nachdem er eine
Menge Türken und Saracenen gesammelt, mit dem Könige von
Jerusalem und den Templern [8]), und nachdem er das Kreuz er=
obert und einige Bischöfe, Templer und Hospitaliter, ungefähr
zwölfhundert, und darüber niedergemacht [9]), nahm er Jeru=

---

1) Constancia. Sie war die Tochter des Königs Roger und die Vatersschwester
des damals regierenden Königs Wilhelm II. und bereits gealtert. — 2) Heiligenberg,
die Ruinen davon am rechten Ufer der Edder, gegenüber von Felsberg. — 3) Grünberg,
östlich von Gießen. — 4) Es ist wahrscheinlich, daß in der uns nicht erhaltenen ursprüng=
lichen Handschrift, welche schon mit dem Jahre 1208 schloß, hier eine längere Darstellung
eingeschaltet war, welche sich nicht erhalten hat. — 5) Am 20. October. — 6) Gregor VIII.
vor seiner Erwählung Albert genannt und päpstlicher Kanzler, wurde am 21. October
erwählt und starb am 17. Dezember, saß also nur einen Monat und siebenundzwanzig
Tage auf dem Stuhle Petri. — 7) Sultan von Syrien und Aegypten. — 8) Die Ver=
anlassung zum Kriege gaben die nach dem Tode des unmündigen Königs Balduin V.
entstandenen Thronstreitigkeiten zwischen dessen Stiefvater Guido von Lusignan, welchen
der Patriarch Heraclius als König gekrönt, und dem Grafen Raimund von Tripolis
(Tarablus)', den Balduin IV. zum Reichsverweser bestimmt hatte, sowie die Verletzung
des mit Saladin abgeschlossenen Waffenstillstandes. — 9) Die Burg von Tiberias
(Tabarieh), von Saladin belagert, sollte entsetzt werden. Der Verlust der Schlacht,
deren Datum zwischen dem 4. und 14. Juli schwankt, ist mindestens theilweise der
zweideutigen Haltung des kurz vorher scheinbar mit König Guido versöhnten Grafen
Raimund zuzuschreiben. Der König mit vielen Edlen wurde gefangen genommen, das
Kreuz des Herrn, das man den Truppen vorangetragen, fiel den Feinden in die Hände.

falem[1]) und alle Burgen der Christen ein[2]) und ließ die gesammte Einwohnerschaft über die Klinge springen.[3]

1188. Kaiser Friderich hielt um Mittefasten[4]) einen Reichstag zu Mainz und nahm das Kreuz von Heinrich, dem Bischof von Alba und Gesandten des päpstlichen Stuhles.[5]) Auch die Bischöfe Godefrid von Würzburg, Hermann von Münster, Martin von Meißen, Rudolf von Lüttich, Heinrich von Straßburg und viele andere wurden mit dem Kreuze des Herrn bezeichnet.

Ludewig, Landgraf von Thüringen, Poppo, Graf von Henneberg, Adelbert von Grumbach, Adelbert von Hildenburg und viele andere Fürsten, Grafen und Herren, aber auch eine unzählbare Menge aus verschiedenen Reichen und Ländern, sowohl Kleriker als Laien, wurden mit dem Kreuze des Herren bezeichnet. Der Kreuzzug wurde von diesem bis zum nächsten Jahre und auf den Tag des heiligen Martirers Georg[6]) be der Stadt Regensburg verschoben.

1189. Am Feste des heiligen Georg sammelte sich das Kreuzheer bei Regensburg. Von hier zog man mit den Kaiser, seinem Sohne, dem Herzog der Schwaben, und den Bischöfen und einem unzählbaren Heere nach Griechenland[7]) und brachte dieses ganze Jahr im Kampfe mit den Griechen hin.[8]

---

1) Am 2. October. — 2) Mit Ausnahme von Tyrus (Sur), welches von Conrad, Markgrafen von Montferrat, vertheidigt wurde. — 3) Nach dem übereinstimmenden Berichte des Bischofs Sicard und des Schatzmeisters Bernhard zeigte sich Saladin gemäßigt und schonend gegen die Bewohner der genommenen Städte. — 4) Am Sonntage Lätare — 27. März. — 5) Friderich nahm das Kreuz in Gegenwart des päpstlichen Gesandten aus den Händen des Bischofs Godefrid von Würzburg. — 6) 24. April. — 7) Ein Theil des Kreuzheeres zog dem Kaiser auf den Donauschiffen voraus. Dieser selbst befand sich Ende April noch zu Donauwörth und verließ Regensburg erst am 11. Mai, gleichfalls zu Schiff. Vom 28. bis 31. Mai war er in Preßburg und Ende Juni überschritt er die Grenze zwischen Ungarn und Bulgarien. — 8) Kaiser Isaak Angelos hatte zwar dem Kreuzheere freien Durchzug durch sein Land und jeden möglichen Vorschub zugesichert, hielt aber nachmals die gemachte Zusage nicht und wollte den Durchzug nur unter Bedingungen zulassen, welche unannehmbar befunden wurden. Bei dem üblen Willen, welchem man schon in Bulgarien und noch mehr in Griechenland begegnete, sah sich das Kreuzheer zu gewaltsamen Maßregeln gezwungen, um sich die versperrten Wege zu öffnen und den nötigen Unterhalt zu verschaffen. So gelangte man unter Kämpfen Ende November bis Adrianopel (Edrineh) und Temotika, wo man den Winter zubrachte, während dessen Kaiser Isaak Friedensunterhandlungen anknüpfte.

In diesem Jahre starb im October Markgraf Otto von Meißen.¹) Im December starb Friderich, Graf von Bichelingen. Edelger, Graf von Ilfeld, starb im December.

1190. Nachdem der Friede mit dem Könige der Griechen geschlossen war²), setzte Kaiser Friderich mit dem ganzen Heere der Bekreuzten am Palmtage³) und die ganze Woche hindurch über das „Arm des heiligen Georg" genannte Meer bei Constantinopel und verheerte feindlich und grausam das Land der Türken und Saracenen und das Land des Sultans und Saladins.⁴)

Als in diesem Jahre Friderich, der Kaiser oder vielmehr der Pilger Christi, am Vorabende des heiligen Barnabas⁵) um die Mittagszeit mit dem Heere in einem Flusse⁶) badete, wurde er, ich weiß nicht nach welchem göttlichen Rathschlusse, unversehens von den Wellen fortgerissen, halb todt an's Land gebracht und endete bald darauf das gegenwärtige Leben⁷) und das ganze Heer jammerte um ihn in großem und unglaublichem Schmerz. In diesem Jahre starben auch Bischof Gotefrid von Würzburg, ein Mann von großem Ansehen in der Christenheit, Martin von

1) Die dem Hause Wettin und den Markgrafen von Meißen nahestehende Chronik von Lauterberg setzt seinen Tod auf den 18. Februar 1190. — 2) Am 11. Februar wurde der Friede, kraft dessen sich Kaiser Isaak verbindlich machte, Schiffe zur Ueberfahrt des Kreuzheeres zu stellen, abgeschlossen und am 27. verließ das Kreuzheer Adrianopel und wurde durch die damit beauftragten Führer nach Gallipoli geleitet. — 3) 18. März. Mit dieser Zeitbestimmung steht übrigens unsere Chronik allein, indem alle übrigen Quellen als ersten Tag der Ueberfahrt theils nur die Zeit nach dem Palmtage im Allgemeinen, theils den Gründonnerstag, theils Ostern und den Tag nach Ostern angeben. — 4) Bald nach der Ueberfahrt und noch auf griechischem Gebiete wurde das Heer durch griechisches und türkisches Raubgesindel belästigt. In Philadelphia (Alaschehr) kam es zu einem zweitägigen Kampfe mit den Einwohnern, welche die Bedürfnisse des Heeres nur zu unverhältnißmäßig hohen Preisen ablassen wollten. Auf dem Gebiete des Sultans von Iconium, Kilidsch Arslan II., angelangt, hörten nicht nur die räuberischen Anfälle nicht auf, sondern man erfuhr auch bald den offenen Widerstand des Sultans. Am 14. Mai kam es zu einer blutigen Schlacht. Die Feinde wurden nach Iconium zurückgeworfen und die Stadt am 18. genommen. Jetzt erst schloß der Sultan, welcher sich auf die Burg zurückgezogen, einen aufrichtigen Frieden und das Heer gelangte, mit Lebensmitteln und sonstigem Bedarf wohl versehen, ohne weitere erhebliche Schwierigkeiten am 30. Mai bei Laranda auf christliches Gebiet. — 5) 10. Juni. — 6) Dem Kalykadnus (Salef). — 7) Nach dem Briefe eines Augenzeugen durchritt der Kaiser den Fluß am Morgen, kam glücklich an's andere Ufer und verunglückte erst am Nachmittag beim Baden. Dies mag den Anlaß zu den sich widersprechenden Angaben der übrigen Geschichtsquellen gegeben haben.

Meißen und viele andere Bischöfe. Auch starben Landgraf Lude=
wig, Poppo, Graf von Henneberg, Adelbert von Grumbach und
viele andere Edle mit einer unzählbaren Menge des christlichen
Heeres. Im September starb auch Bischof Adelhog von Hildes=
heim, welchem Berno, Decan an der Hauptkirche, nachfolgte.

König Heinrich zog um das Fest des heiligen Nicolaus[1])
mit einem Heere nach Apulien[2]) und hatte den Erzbischof Philipp
von Köln bei sich.

1191. In der Fastenzeit starb Hubert, Bischof von Havelberg,
welchem Helmbert, Propst in Havelberg, folgte. Es starb auch in
der Charwoche Papst Clemens III.[3]), Celestin folgte ihm und
wurde am heiligen Ostertage, dem 14. April, als Papst geweiht.
Am darauffolgenden Montage weihte eben dieser Papst den König
Heinrich als Kaiser und am Dienstage die Königin als Kaiserin.
Am Tage vor Johannes dem Täufer um die sechste Stunde war
eine Sonenfinsterniß. Philipp, Erzbischof von Köln, starb am
12. August; ihm folgte Bruno. Der Kaiser kehrte von dem
Feldzuge in Apulien zurück.[4]) In diesem Jahre wurde der Leib

---

1) 6. Dezember. — 2) Um das Reich des im November 1189 kinderlos verstorbenen
Neffen seiner Gemahlin, des Königs Wilhelm II. in Besitz zu nehmen, welches ihm nach
Erbrecht zustand, das sich aber Tancred von Lecce, ein natürlicher Sprößling des sicilia-
nischen Königshauses, von den Ständen des Reiches erwählt und mit Gutheißung des
Papstes [als obersten Lebensherren angeeignet hatte. König Heinrich verließ Deutschland
gegen Ende des Jahres 1190, am 6. Januar finden wir ihn urkundlich in Botzen, nach
Apulien kam er erst nach erhaltener Kaiserkrönung, bezw. nach Ostern 1191. — 3) Diese
Zeitbestimmung stimmt mit der umständlichen Angabe Benedicts von Peterborough
überein. Wenn wir aber der Erzählung Arnolds von Lübeck Glauben beimessen dürfen,
wonach Papst Celestin König Heinrich bezüglich der Kaiserkrönung Schwierigkeiten
machte, so wäre, da bezüglich der Weihe Celestins und der gleich am folgenden Tage
vollzogenen Krönung Heinrichs kein Zweifel besteht, der Tod Clemens und die Wahl seines Nachfolgers auf ein früheres Datum zu setzen, wie dies auch andere nicht minder
glaubwürdige Quellen, welche übrigens nicht mit einander übereinstimmen, thun. — 4)
Am 29. April hatte er die Grenzen Apuliens überschritten und war ohne nennenswerthen
Widerstand bis Neapel gekommen. Während der dreimonatlichen Belagerung dieser
stark befestigten Stadt brach im deutschen Heere eine ansteckende Krankheit aus, welche
mehrere geistliche und weltliche Herren, unter ihnen den Erzbischof von Köln hinweg-
raffte und den Kaiser selbst ergriff. Die Belagerung wurde aufgehoben und Heinrich
trat noch krank den Rückweg an. Im November und Anfangs Dezember war er in de
Lombardei, an Weihnachten zu Hagenau.

des Herrn von dem Dorfe Rechstete[1]) am Tage nach Verkündigung[2]) feierlich nach Erfurt gebracht und in der Kirche der heiligen Jungfrau aufbewahrt.[3])

1192. Cunrad, Bischof von Worms, starb im Februar, während sich der Kaiser zu Worms befand[4]), der königliche Capellan Heinrich folgte ihm. Es folgte auch auf Gotefrid, den Bischof von Würzburg, Heinrich, Propst zu Bamberg. In dieser Fastenzeit wurden von Cunrad von Mainz in der Stadt Mainz ordinirt: Bruno von Köln[5]), Heinrich von Worms, Heinrich von Würzburg.

An Pfingsten[6]) hielt der Kaiser einen allgemeinen Reichstag zu Worms. Im Monat August starb Erzbischof Wigmann von Magdeburg; Decan Lutolf folgte ihm. Es starb auch Alexius, Bischof von Brandenburg, dem Norbert folgte. Adelbert, Bischof von Lüttich, wurde ermordet.[7]) Auch starb Cunrad, Abt von Fulda, welchem Heinrich folgte.

1193. Piligrin, Abt von Sanct Peter zu Erfurt, starb; Ditmar folgte ihm. Bruno, Erbischof von Köln, gab dem Kaiser das Bisthum zurück; Adolf folgte ihm. Berno, Bischof von Mecklenburg, starb.

1194. Arnold, Propst der Kirche zu Mainz, starb. Kaiser Heinrich zog nach Apulien.[8]) Zwischen dem Erzbischof Cunrad von Mainz

---

1) Nach einer späteren Erfurter Compilation bei Armstadt gelegen. — 2) 26. März. — 3) Hat wohl Bezug auf das von Arnold von Lübeck ausführlich erzählte Wunder. — 4) Am 13. Januar hielt er daselbst einen Reichstag. — 5) Erzbischof Bruno wurde erst am 31. Mai, und zwar von dem Erzbischofe Johannes von Trier und dem Bischof Albert von Verdun geweiht. — 6) 24. Mai. — 7) Nach dem Tode des Bischofs Rudolf von Lüttich — 1191 — wählte ein Theil der Wähler den Erzdiakon Adelbert, Bruder Herzog Heinrichs I. von Brabant, ein anderer Theil aber den Grafen Adelbert von Retest. Kaiser Heinrich verwarf auf dem Reichstage zu Worms — 13. Januar — beide Wahlen und setzte Lothar, Propst zu Bonn, als Bischof ein. Erzdiakon Adelbert ging nach Rom, wurde vom Papste bestätigt und nach seiner Rückkehr zu Reims im Auftrage des Papstes und mit Einverständniß des Erzbischofs Bruno von Köln durch Erzbischof Wilhelm von Reims geweiht. Hierüber aufgebracht ergriff der Kaiser Maßregeln gegen die Begünstiger Adelberts in Köln und Lüttich, wohin er sich selbst begab. Adelbert konnte nicht Besitz von seinem Bisthum nehmen und blieb vorläufig in Reims, wo er am 24. November ermordet wurde, und zwar, wie mehrere Geschichtsquellen theils zu verstehen geben, theils ausdrücklich sagen, mit Wissen und Willen des Kaisers. — 8) Ende Mai zog er über die Alpen und nach längerem Aufenthalte in Ober-Italien gegen Ende August nach Campanien. Salerno, dessen Bewohner im Jahre 1191 die Kaiserin gefangen genom-

und dem Landgrafen Hermann war eine Fehde. In diesem Jahre, am
16. August, fand die Uebertragung des heiligen Bernhard [1]), Bi=
schofs von Hildesheim, durch Berno, den Bischof derselben Stadt,
und Theoderich, Abt von Sanct Michael, statt. Im darauffolgen=
den Monat starb dieser Bischof. [2])

1195. Kaiser Heinrich kehrt aus Apulien zurück [3]), im glän=
zenden Triumph über ganz Sicilien und Apulien und mit dem
Namen eines Königs von Sicilien.

In diesem Jahre wurde in der Pfalz Gelnhausen ein allge=
meiner Reichstag gehalten, welchem der apostolische Legat Johannes
von Monte Celio beiwohnte. Daselbst wurden am Tage der
heiligen Apostel Simon und Judas [4]) mit dem Kreuze des Herrn
bezeichnet: Cunrad, Erzbischof von Mainz, Gardolf, Bischof von
Halberstadt, Berthold, Bischof von Naumburg, Rudolf, Bischof von
Verden, Cunrad, der Erwählte für Hildesheim und Kanzler,
Landgraf Hermann, Markgraf Otto von Brandenburg [5]) und viele
andere Fürsten und Edle und eine unzählbare Menge. Sie ver=
schoben aber die Heerfahrt nach Jerusalem von Weihnachten an
auf ein ganzes Jahr.

1196. Im Monat April [6]) starb Otto, Bischof von Bamberg,
welchem Timo folgte. Am Feste des heiligen Severus [7]) ging
das Siegel des Mainzer Bischofs verloren.

1197. Im Monat Januar trat Cunrad, Erzbischof von Mainz,
in Begleitung vieler Bekreuzter den Kreuzzug an, verabschiedete
sich in Apulien vom Kaiser [8]) und segelte von da nach Acca=

men,' wurde am 17. September erstürmt, geplündert und zerstört. Neapel hatte sich be=
reits am 23. August an die vorausgeschickte genuesisch=pisanische Flotte ergeben, ebenso
Messina am 1. September, hierauf nahm die Flotte Catania und nach längerer Be=
lagerung Syracus. In den letzten Tagen des October setzte endlich Heinrich über den
Faro, hielt Ende November, oder spätestens am 1. Dezember seinen feierlichen Einzug
in Palermo (vergl. Töche, Kaiser Heinrich 341) und ließ sich daselbst an Weihnachten als
König von Sicilien krönen, womit der siegreiche Feldzug seinen Abschluß fand.
   1) Richtiger Bernward. — 2) Am 28. October. — 3) In der zweiten Hälfte des
Juni. Am 8. Juli war er urkundlich zu Frankfurt. — 4) 28. October. — 5) Bruder
des Herzogs Bernhard. — 6) Vielmehr am 2. Mai. — 7) 22. October. — 8) Dieser
hatte Teutschland Ende Juni 1196 verlassen, seinen Weg durch Burgund genommen
und den Sommer und Herbst in Ober= und Mittel=Italien zugebracht. Weihnachten
feierte er zu Capua. Als die Veranlassung, welche ihn nach Unter=Italien geführt, geben

ron.[1]) Die übrige Menge der unzähligen Bekreuzten verschob die Heerfahrt bis zum Feste der heiligen Walpurgis.[2]) Als aber alle auf den bereit gestellten Schiffen das Meerufer erreicht hatten, entstand durch die Hitze des Augustmonats eine so große Sterblichkeit, daß kaum der zehnte Theil einer so zahlreichen Menge der Sichel des Todes entrann.[3])

In diesem Jahre starb im Juni Bischof Heinrich von Würzburg, für welchen Domprost Gotefrid, ein guter und gerechter Mann, gewählt wurde und der nach zwei Monaten selig in dem Herrn entschlief.[4]) Auch starb in diesem Jahre am 28. September Kaiser Heinrich[5]) in Apulien.

1198. Im Monat Januar starb Papst Celestin[6]), welchem Innocenz III. folgte.[7]) Um Mittefasten[8]) dieses Jahres wurde Philipp, Herzog der Schwaben, Bruder des Kaisers Heinrich, von den an einem Orte Thüringens, der Ucherithusen[9]) heißt, versammelten Fürsten zum König erwählt; nämlich von Lutolf, Erzbischof von Magdeburg, Eberhard, Bischof von Merseburg, Timo, Bischof von Bamberg, Lupold, Bischof von Worms, und Hartwig, Bischof von Eichstädt, Heinrich, Abt von Fulda, Ludewig, Herzog der Bayern, Bernhard, Herzog der Sachsen, Diterich, Markgraf von Meißen, Sigefrid, Graf von Orlamünde[10]) und von einigen anderen

mehrere Quellen die nothwendigen Anordnungen zum Kreuzzuge an; indessen wird aus eben diesen und anderen Quellen ersichtlich, daß es auch galt, den Geist der Empörung, der sich im Normannischen Reiche regte, zu unterdrücken.

1) Acca. — 2) 1. Mai. — 3) Die Kreuzfahrer zogen theils zu Wasser, theils zu Land nach Apulien und Sicilien, wo sie sich zur weiteren Fahrt nach dem Orient — ein Theil schon im Frühjahre, die letzten unter dem Kanzler-Bischof Cunrad am 1. September — einschifften. Daß Krankheiten unter dem Kreuzheere so große Lücken gerissen, wird lediglich von unserer Chronik berichtet] und erscheint in Anbetracht der Erfolge, welche das unter dem Kanzler in Syrien gelandete Heer hatte, auch nicht wahrscheinlich. — 4) Die von Gotefrid herrührenden Urkunden beweisen, daß er über ein Jahr dem Bisthum vorstand. Seine Grabschrift giebt 1198 als sein Sterbejahr. — 5) In Messina. — 6) Am 8. Januar. — 7) Innocenz, vor seiner Erwählung Cardinaldiakon und Lothar genannt, wurde am Sterbetag seines Vorgängers erwählt, erhielt am 22. Februar die Priesterweihe und am darauf folgenden Tage die Weihe als Papst. — 8) Nach einem Briefe König Philipps an den Papst am 6. März. — 9) Ichtershausen, nördlich von Arnstadt. Ueber den Ort, wo die Wahlverhandlung vor sich ging, weichen übrigens die Berichte unserer Quellen mehrfach von einander ab. — 10) Sohn des 1176 verstorbenen Grafen Hermann.

Grafen, und sie verbanden sich daselbst untereinander durch
einen Eid.

Zwei Monate darauf stellte Adolf, Erzbischof von Köln, mit
einigen Suffraganbischöfen und Fürsten, Otto, den Sohn Hein=
richs, weiland Herzogs von Bayern und Sachsen, als König auf
und salbte ihn als solchen zu Aachen.[1]) Philipp, der Schwaben=
herzog wurde an Mariä Geburt[2]) zu Mainz von dem Erz=
bischof[3]) von Tarantaise in Gegenwart des Erzbischofs Johannes
von Trier und mehrerer anderer Bischöfe und Fürsten gleichfalls
als König gesalbt.[4]) Um das Fest des heiligen Jacob kehrten in
diesem Jahre aus den überseeischen Gegenden zu den heimischen
Sitzen zurück: Garbolf von Halberstadt, Berthold, Bischof von
Naumburg, Conrad, Bischof von Hildesheim, später für Würz=
burg erwählt, welcher nicht lange darauf von König Philipp die
Investitur erhielt. Auch Landgraf Hermann kehrte zurück, der
sich nach Verlauf weniger Tage dem König Otto durch Eid und
Lehnspflicht verband. Darauf bekam er um das Fest Aller=
heiligen[5]) die königliche Stadt Nordhausen, nachdem er sechs
Wochen lang mit seinem Heere davor gelegen, zum Schaden
Vieler in seine Gewalt. Auch Saalfeld, die königliche Stadt,
nahm er[6]) vor Geburt des Herrn mit gesammelter Mannschaft
durch einen unvermutheten und seit Menschengedenken unerhörten
Erfolg, zerstörte sie durch Feuer und schlug die im Kampfe ge=
fangenen Bürger in Bande.[7]) Auch schlugen Räuber die Thüren
des Sanct Peters=Klosters mit Aexten ein und besudelten Alles,
was sie dort im Kloster, im Schlaf = und im Speisesaal fanden,

---

1) Aachen war von der Partei Philipps besetzt und wurde erst am 10. Juli nach
mehrwöchentlicher Belagerung genommen. Die Krönung erfolgte am darauffolgenden
Sonntag — 12. Juli. -- 2) Die Richtigkeit dieses Datums wird gegenüber anderen Angaben durch eine Urkunde König Philipps vom 8. September 1201 verbürgt, in welcher
er den 8. September „den Tag seiner Krönung" nennt. — 3) Haimo. — 4) Er war
übrigens schon am 5. April zu Worms unter Krone gegangen. — 5) 1. November. —
6) Es scheint im lateinischen Texte hinter: „inaudito" ein Wort — allenfalls: „cepit" —
ausgefallen, was ergänzt wurde. — 7) Otto hatte dem Landgrafen die beiden Städte zu
Lehen gegeben, sie mußten aber erst erobert werden.

indem sie es mit kirchenräuberischen Händen davontrugen. Auch in anderen Kirchen daselbst verbrachten sie Aehnliches.

1199. Am 15. Juli kehrte Erzbischof Cunrad von Mainz aus Antiochia [1]) nach Apulien zurück. Von da besuchte er den römischen Hof und den apostolischen Herrn Innocenz, dann Mainz und Thüringen. In diesem Jahre gab Hermann, Landgraf von Thüringen, seinen König Otto auf [2]), verband sich an Himmelfahrt der heiligen Maria dem König Philipp durch Eid und Lehenspflicht und erhielt die königlichen Städte Nordhausen, Mühlhausen, Saalfeld mit dem Gebiet von Orlan [3]) und die Burg Ranis. [4])

1200. Cunrad, Erzbischof von Mainz, starb; nach seiner Bestattung entstand über die Bischofswahl Streit. Einige wählten nach dem Rath und mit Beihilfe Philipps Lupold, den Bischof von Worms, Einige Sigefrid von Oppenstein [5]), Propst von Sanct Peter. Lupold aber behielt in der That die Herrschaft über die Mainzer und Wormser Kirche. Sigefrid begab sich zu König Otto und erhielt von ihm zu Köln die bischöfliche Investitur und so geschahen von diesen Parteien sehr viele Räubereien und Verstümmelungen der Menschen.

In diesem Jahre starb am Feste des heiligen Wigbert [6]) Sigefrid, Abt von Hersfeld, dem Johannes folgte.

1201. Eberhard, Bischof von Merseburg, starb; Theoderich folgte ihm. Es starb auch Gardolf, Bischof von Halberstadt, und folgte ihm Cunrad.

In diesem Jahre fand am Tage der Geburt der heiligen Maria in der Kirche zu Bamberg die Uebertragung des Leibes der heiligen Königin Cunegunde statt, unter Papst Innocenz III. und auf Betreiben Thimo's, des Bischofs dieser Stadt, welcher nach sechs Wochen seine Tage beschloß. Zur selben Zeit und an demselben Tage hatte König Philipp in vorgenannte Stadt eine Versammlung vieler Bischöfe und Fürsten zusammengerufen und sie bekräf-

---

1) Antaließ. — 2) Weil er außer Stande war, Hermann die versprochene Geldsumme zu zahlen. — 3) Orlamünde. — 4) Die Ruinen davon nächst der gleichnamigen Stadt in der preußischen Enclave Ziegenrück. — 5) Eppenstein. — 6) 13. August.

tigten ihm eiblich, daß er König sein solle, obgleich vom apostoli=
schen Sitze durch einen Cardinallegaten ber römischen Kirche [1]) be=
kannt gemacht war, daß König Philipp mit allen seinen Anhängern
excommunicirt [2]) und König Otto für das deutsche Reich und Sige=
fried für den Mainzer Sitz von Papst Innocenz und dem aposto=
lischen Stuhle bestätigt seien.

Hugo von Erfurt legte die Abtswürde nieder und Witelo,
Propst von Gesing [3]), folgte ihm.

1202. Cunrad, Bischof von Würzburg, wurde am 6. Dezember
ermordet [4]); ihm folgte Heinrich, Scholaster an der Hauptkirche
mit dem Beinamen Käs.

1203. Hermann, Landgraf von Thüringen, verwarf, weil sich
einige Mißhelligkeiten ergeben [5]), seinen König Philipp auf's Neue
und verband sich König Otto durch Eid und Lehenspflicht. Darüber
heftig erzürnt sammelte König Philipp das zahlreiche Heer seiner
Fürsten, drang feindlich in Thüringen ein, wobei ihm Lupold von
Mainz und die Erfurter [6]) Hülfe leisteten, und verheerte grausam
Alles, was dem Landgrafen und den Seinen gehörte, mit Feuer
und Schwert. Der Landgraf aber, nicht vertrauend auf den Bei=
stand der Seinen, rief den König von Böhmen Othaccar [7]), den
Sohn seiner Vatersschwester [8]), mit einer Menge Böhmen herbei [9])

---

1) Guido, Bischof von Präneste. — 2) Er war, wie wenigstens Papst Innocenz be=
hauptete, noch von Papst Celestin wegen in Tuscien verübter Gewaltthaten excommu=
nicirt, wurde zwar 1198 von dem päpstlichen Legaten Innocenz, Bischof von Sutri, los=
gesprochen, die Lossprechung aber vom Papste nicht bestätigt. — 3) Geising im Erz=
gebirge. — 4) Von den Brüdern Bodo und Heinrich von Ravensburg. Als Grund wird
des Bischofs strenge Handhabung der Gerechtigkeit (von der Chronik von Lauterberg
die Bestrafung eines von den Brüdern verübten Mordes) angegeben. — 5) Der Land=
graf war dem Könige bald nach dem Reichstage zu Bamberg verdächtig geworden und
hatte auch seinerseits Verdacht gegen den König geschöpft, dieser aber die im Jahre
1199 gegebenen Lehen zurückgefordert. — 6) Erfurt war im Frühjahre durch Lupold
erobert worden. — 7) In böhmischen Quellen Prziemysl genannt. — 8) Othaccars Mut=
ter Jutta war die Schwester des Landgrafen Ludwig II. von Thüringen. — 9) Beim
Herannahen derselben warf sich der König nach Erfurt, wurde hier belagert, entfloh
aber nächtlicher Weile, worauf man die Belagerung aufhob. Ob sich auch König
Otto noch an der Belagerung betheiligte, ist bei den sich widersprechenden Angaben der
Quellen schwer zu entscheiden. (Vergl. Abel, König Philipp 360 N. 9 und Böhmer. Reg.
Philipps und Otto's 15 und 36.)

und so verheerten diese, indem er mit vielen tausend Böhmen in Thüringen eindrang, grausam Alles, sowohl was des Landgrafen, als was des Reiches, der Mainzer und der Erfurter war, verschonten kein Kloster, keine Kirche, keinen Menschen, und dann kehrten sie endlich nach Niedermetzelung vieler Leute über das Gebiet des Markgrafen Diterich von Meißen zurück.[1]

1204. König Philipp sammelte auf's Neue ein starkes Heer Bayern, Sachsen, Schwaben, Sorben und Oesterreicher und von jenen, welche am Rhein und in Ost=Franken wohnten, und zog[2] mit schwerer Menge und unter dem Beistande der Grafen Günther und Heinrich von Schwarzburg, des Grafen Lampert von Gleichen[3]) und der Erfurter nach Thüringen und verheerte die ganze Gegend während der Erntezeit grausam mit Feuer und Schwert. Die Burg Weißensee belagerte er sechs Wochen lang[4]), nahm sie aber nicht ein. In diesen Tagen sammelte auch der böhmische König eine große Menge der Seinen und kam über das Gebiet der königlichen Stadt Saalfeld und von Orlamünde heran, in der Absicht mit König Philipp zu schlagen; nachdem er aber Kundschafter ausgeschickt, vertraute er nicht mehr auf die Macht der Seinigen, obgleich deren viele Tausende waren, und ergriff, nachdem er Alles in der Gegend von Langewice und Ilmin[5]) verheert, in finsterer Nacht mit den Seinen die Flucht. Als dies der Landgraf hörte, gab er nothgedrungen seinen Sohn und Andere als Geißel und unterwarf am Feste des heiligen Lampertus[6]) im Kloster Jchtershausen sich und all' das Seine, indem er sich Philipp sowohl eidlich, wie durch Geißeln verpflichtete.

1205. König Philipp zog mit einem Heere nach Köln und verheerte Alles, was den Kölnern gehörte.[7]) In diesem Jahre starb im

---

1) Diterich war mit Othaccar in Feindschaft gerathen, weil er sich seiner von Othaccar verstoßenen Schwester Adela angenommen. — 2) Im Monat Juli. — 3) Schirmvogt des Sanct Peterstlosters in Erfurt. — 4) Am 24. August urkundet Philipp „bei der Belagerung von Weißensee“.— 5) Langewiesen und Stadt Ilm. — 6) 17. September. — 7) Diese Heerfahrt, veranlaßt durch die Auflehnung der Kölner gegen ihren Erzbischof, wurde auf dem an Pfingsten — 29. Mai — zu Speyer abgehaltenen Reichstage angesagt. Ende September erschien König Philipp wirklich vor den Mauern Kölns,

Monat August Lutolf, Erzbischof von Magdeburg, und folgte ihm Dompropst Adelbert, ein Bruder der Grafen Günther und Heinrich von Schwarzburg. Auch war in diesem Jahre in Thüringen eine große Hungersnoth. Im vergangenen Jahre hat Erzbischof Adolf von Köln seinen König Otto, welchen er zu Köln als König gesalbt, aufgegeben, Köln verlassen, ist zu König Philipp gekommen und hat sich demselben mit einem Eid verpflichtet.[1]) Darüber sehr entrüstet setzten sich die Kölner im Auftrag des Papstes Innocenz Bruno, Propst zu Bonn, zum Bischof[2]), nachdem ihm das erzbischöfliche Pallium überschickt war.

1206. Im Monat August sammelte König Philipp ein starkes Heer und kämpfte mit den Kölnern, wobei er Alles mit Feuer und Schwert verwüstete. Bei diesem Kampfe wurde ihr Bischof Bruno, welcher kurz vorher zu Köln von Sigefrid, Erzbischof von Mainz, als Bischof ordinirt war, in einer Burg gefangen genommen[3]) und nach der königlichen Burg Trifels[4]) in Gewahrsam gebracht.

In diesem Jahre gab auf dem allgemeinen Reichstage, welcher am Feste des heiligen Gallus[5]) zu Würzburg gehalten wurde, Berthold, Bischof von Naumburg, vom apostolischen Sitze zurückgekehrt, dem König Philipp das Bisthum zurück und folgte ihm

---

zog aber nach nur fünftägiger Belagerung Rhein abwärts nach Neuß, welches nach kurzem Widerstande genöthigt wurde, sich an Erzbischof Adolf zu ergeben. Damit war der Feldzug für dieses Jahr beendet.

1) Dies geschah im November 1204 und wurde dabei bestimmt, daß Philipp am 6. Januar des folgenden Jahres zu Aachen noch einmal feierlich von Adolf gekrönt werden solle. — 2) Papst Innocenz durch den Klerus und die Bürgerschaft Kölns von der wirklich vollzogenen Krönung unterrichtet, sprach zunächst den Bann über Erzbischof Adolf aus und beschied ihn zur Verantwortung nach Rom. Da er sich nicht stellte, wurde er am 19. Juni durch die damit Beauftragten, Erzbischof Sigefrid von Mainz und Bischof Johannes von Cambray, seines Amtes und seiner priesterlichen Würde entsetzt und eine neue Wahl vorgenommen. — 3) König Otto und Erzbischof Bruno zogen ihrem Feinde von Köln aus entgegen, ließen sich aber durch eine verstellte Flucht desselben in die sumpfige Gegend an der Roer verlocken, wo sie unvermuthet umringt wurden. Es gelang ihnen noch, sich in die nahegelegene Burg Wassenberg zu werfen, während ein großer Theil des Heeres theils niedergemacht, theils gefangen, die Burg aber eng eingeschlossen wurde. Der König rettete sich gleichwohl durch eine verborgene Pforte. — 4) Westlich von Landau in der bayerischen Rheinpfalz. — 5) Am 16. October.

Eingilhard.[1]) Elmbert, Bischof von Havelberg, starb am 28. No=
vember. Die Kölner erlangten die Gnade des Königs Philipp[2]),
nachdem sie Geißeln und reichliches Geld gegeben.

1207. Heinrich, der Erwählte für Würzburg, starb am Feste der
heiligen Margaretha[3]) und folgte ihm Dompropst Otto. Adel=
bert, der Erwählte für Magdeburg, besuchte den apostolischen Stuhl
und erhielt von Papst Innocenz das Pallium und die bischöfliche
Infel. Von dort zurückgekehrt wurde er von den Magdeburgern
vor dem Palmtage[4]) feierlich empfangen. Am darauffolgenden
Charfreitage wurde die Hauptkirche des heiligen Mauricius wäh=
rend der heiligen Feier vom Feuer verzehrt.

In diesem Jahre schickte Papst Innocenz, schon seit mehre-
ren Jahren von den Bischöfen und Fürsten des Deutschen Reiches
wegen der unheilvollen Spaltung in der Regierung angerufen, ihm
sehr vertraute Gesandte, nämlich Hugo, Bischof von Ostia und
Velletri, und Leo, Cardinalpriester vom heiligen Kreuz zu Jeru=
salem, und mit ihnen den Patriarchen[5]) von Aquileja und den
Erzbischof[6]) von Salzburg, welche, in der Rheingegend angekom=
men, zu Worms König Philipp von dem Banne, in welchem er
lange verstrickt war[7]), lösten und da sie ihn wieder in die Ge=
meinschaft aufnahmen, in seiner Gegenwart die heilige Handlung
begingen. Gleicherweise reisten sie zu König Otto nach Sachsen
und verkündeten ihm den apostolischen Auftrag, indem sie ihm näm=
lich zuredeten, die Krone und den königlichen Namen niederzulegen.
Dieser betheuerte mit großer Entrüstung, daß er dies niemals
thun würde.[8]) Sie gingen also von da fort, das ganze Geschäft,
wegen dessen sie gesandt waren, blieb ungethan, und nachdem sie
von Mönchen und Klerikern reichliches Geld gesammelt, kehrten sie
in ihre Heimath zurück. Bezüglich der zwei Mainzer Bischöfe

1) Am 21. April 1207 erwählt. — 2) Sie unterwarfen sich demselben zu Boppard,
worauf Bischof Conrad von Speyer in Auftrag und Namen Philipps zu Köln ihre Hul=
digung entgegennahm. — 3) 20. Juli. — 4) 15. April 1208. — 5) Wolfger. — 6) Eber=
hard. — 7) f. d. J. 1201 A. 2. — 8) Die Unterhandlungen sowie die persönliche Zusam=
menkunft der beiden Fürsten hatten keinen weiteren Erfolg, als daß ein Waffenstillstand
bis zum 24. Juni 1208 vereinbart wurde.

wurde nichts entschieden. König Philipp entließ auf Verlangen der Cardinäle und der Fürsten den Kölner Bischof Bruno aus dem Gefängnisse.[1]) Sigefrid, der Erwählte für Mainz, von dem Bischof von Präneste consecrirt, aber die Verfolgung Philipps nicht aushaltend, ging nach Rom.[2])

1208. König Philipp hielt sich zu Bamberg auf, hatte, um sich gegen den zu vertheidigen, welcher eine Trennung des Reiches im Schilde führte, ein Heer um seine königliche Herrlichkeit geschaart und nahm mit den Fürsten berathende Rücksprache. Nachdem man sich verständigt, gedachte er ein wenig zu ruhen und ließ sich zur Ader. Aber, wehe! während er der Ruhe pflegte, ereignete sich ein Unglück und ein Frevel gegen Gott, unheilvoll für seine Majestät. Denn der Pfalzgraf Otto von Wittelsbach[3]) kam mit teuflischer Frechheit, gleichsam zum Scherz häufig mit dem entblößten Schwerte dem König unter die Augen und täuschte, indem er seine böse Absicht verbarg, sowohl die Vorsicht des Königs wie die Sorgfalt der Fürsten. Der benannte Pfalzgraf klopft also, da sich der König in seinem Gemache zur Ruhe begeben, an die königliche Pforte, wird auf den Wink des Königs eingelassen und dieser spricht, nichts Böses ahnend über den Zustand des Heeres, jener hält, vom Teufel besessen dem König die Zerrüttung seiner Verhältnisse vor und vollführt ein seit Jahrhunderten bei den Deutschen unerhörtes Verbrechen. Er verwundet nämlich den König, der auf dem Bette ruht, tödtlich am Halse.[4]) O hartes Geschick, unvorhergesehener Tod! O unheilvoller Frevel, immerwährend unter dem Schluchzen der Getreuen zu verwünschen. Was weiter? Jenes

1) Dies geschah auf dem im November zu Augsburg abgehaltenen Reichstage, welchem die beiden Cardinallegaten noch beiwohnten. — 2) Bereits im Herbst 1206 nach der Gefangennahme seines Amtsbruders, Bruno von Köln. — 3) Neffe des 1183 verstorbenen gleichnamigen Herzogs. — 4) König Philipp hatte dem Pfalzgrafen eine seiner Töchter zur Ehe versprochen, später aber wegen dessen roher Gemüthsart, insbesondere wegen eines an einem bayerischen Edlen begangenen Mordes, die Verlobung wieder rückgängig gemacht. Auch eine später vom Pfalzgrafen beabsichtigte Vermählung mit einer Tochter Herzog Heinrichs von Schlesien wußte der König zu hintertreiben. Als Mitschuldige Otto's werden Heinrich von Andechs, Markgraf von Isterreich und dessen Bruder Egbert, Bischof von Bamberg, genannt, für welche freilich andere, uns nicht genügend bekannte Motive bestimmend gewesen sein müssen.

zarte Holzwürmchen [1]), ein Mann, der stets fröhlich war, freund=
lich, kühn, liebenswürdig, wird in seinem Blute erstickt und jener
Lasterhafte schließt das Gemach, geht hinaus, ergreift die Flucht
und wird als Flüchtling allenthalben seiner Besitzungen und seiner
fürstlichen Würde verlustig erklärt. Es starb aber König Philipp
am 21. Juni. Nach dem Feste der Apostel Petrus und Paulus[2])
hielten die östlichen Fürsten zu Altenburg eine allgemeine Zusammen=
kunft wegen des Zustandes des Reiches. Lupold, der Wormser
Bischof und Erwählte für Mainz, geht, um seine Sache zu ordnen,
nach Rom. Aber mittlerweile entscheidet das Schwert Salomons
den Streit der Buhlerinnen, denn Sigefrid, vom apostolischen
Vater bestätigt, kehrt zurück, wird in Mainz aufgenommen und, da
er ein Mann von wahrer Religion ist, in die volle Herrschaft des
Erzbisthums eingesetzt.

Am Feste des heiligen Mauricius [3]) hielten die Fürsten wie=
der eine berathende Zusammenkunft und versammelten sich dazu in
Arnstadt [4]); mit welchem Scrupel Einige dahin kamen, dessen ist
ihr Gewissen Zeuge.[5]) Da jedoch Gott die Gedanken der Völ=
ker mißbilligte, so vereinigten sich Alle dahin, Otto zum Kö=
nig zu wählen. Daher begiebt sich der Marschall dreier Vor=
gänger [6]), der Erzieher von Königen, zu König Otto, bringt ihm
die Reichsinsignien und unterwirft ihm, das heißt der königlichen
Gewalt, kleinere und größere Städte und Burgen. Der Mainzer
entbietet auf das Fest des heiligen Martin alle Fürsten zu einem
königlichen Reichstage nach Frankfurt. Auf diesem Reichstage wird
König Otto anerkannt und bestätigt dagegen die Gesetze, den Land=

---

1) Philipp war von zartem Körperbau, was vielleicht den Anlaß zu diesem ge=
schmacklosen Bilde gegeben. — 2) 29. Juni. Diese Stelle ist hier nach der von Winkel=
mann, Otto IV. S. 106 gegebenen Berichtigung übersetzt. — 3) 22. September. — 4)
Vielmehr in Halberstadt. — 5) Winkelmann, S. 101, bezieht diese Worte auf die früher
gegen Friderich II. eingegangene Verpflichtung, welcher sie gerne treu geblieben wären,
wenn es möglich gewesen wäre. Ebenda sind auch die gleich folgenden Worte verbessert, welche
nach dem gewöhnlichen Texte unverständlich waren. — 6) Heinrich von Calentin (Kalben).
Sein Vater Heinrich von Parpenheim war Marschall Kaiser Friderichs. Er selbst er=
scheint (nach Böhmer Reg. XIV.) bereits im Jahre 1185 als Marschall bei Heinrich VI.

frieden und die Verordungen Karls[1]), während alle Fürsten einen
feierlichen Eid darauf leisten. Daselbst erklärt er den Pfalzgrafen
Otto von Wittelsbach, den Mörder Philipps, durch Urtheilsspruch
des Lebens und Besitzes verlustig, welchen später der Marschall
von Calentin am Donaustrome[2]) tödtete. In diesem Jahre entstand zu Spoleto der Orden der minderen Brüder.[3])

1209. Otto, in der Regierung bestätigt, flößte den Schlechten
Furcht, den Guten aber, insbesondere den Dienern der Kirche, nicht
geringe Hoffnung ein. Dies war nämlich der Anfang, von welchem
ein guter Fortgang mit Recht erwartet wurde. Da also Alles gut
ging, so trachtete er als beherzter Mann, welcher in den vorhergegangenen Tagen bei seinen großen und mannigfaltigen Wider-
wärtigkeiten niemals den Muth hatte sinken lassen, jetzt, durch
glücklichen Erfolg noch kühner gemacht auf alle Weise darnach,
auch die kaiserliche Weihe zu erhalten und römischer Kaiser zu hei-
ßen und zu sein, damit nichts ihm fehle, nachdem er auf solche
Höhe gestellt war. Nachdem also all' das zu einem so schwierigen
Geschäfte Nothwendige besorgt war, trat er die Reise an[4]), überschritt mit zahlreicher Begleitung die Alpen und wurde von den
Lombarden und Tusciern ehrenvoll empfangen und mit vielen Geschenken beehrt und erfuhr sowohl in Beziehung auf seine Angelegenheiten als von Seiten der Bevölkerung nichts Widriges.
Endlich zog er im Monat September nach glücklich zurückgelegter
Reise mit einem zahlreichen Heere sowohl Deutscher als Italiener
in Rom ein, stellte sich dem Herrn Papste vor[5]) und fand ihn
auch so, wie er ihn gewünscht hatte, nämlich seinem ganzen Vorhaben geneigt uud bereitwillig. Indessen verlangte der Herr Papst
doch vom Könige, daß er, bevor er ihm die segnende Hand auf-
lege, über einige Punkte[6]) Sicherheit leiste, bezüglich deern schon

---

1) Des Großen. — 2) In der Nähe von Regensburg. — 3) Minoriten. — 4) Mitte
Juli war er noch in Ulm, Mitte August in der Nähe des Gardasees. Seinen Weg
nahm er über den Brenner und durch das Thal von Trient. — 5) Eine erste Zusammenkunft zwischen dem Papst und dem König hatte bereits in Viterbo stattgefunden. —
6) Ueber den Besitz der Mathildischen Erbgüter und einiger anderer, vom heiligen Stuhle
als zum Patrimonium Petri gehörig in Anspruch genommener Güter. Otto versprach,
dieselben dem heiligen Stuhle zu überlassen, hielt aber nachmals sein Versprechen nicht.

früher, nicht einmal, sondern öfters nachtheilige Meinungsverschie=
denheiten zwischen dem Reiche und der Kirche sich ergeben hatten.
Der König aber, der sich beeilte, seine Unternehmung zu Ende zu
führen, versprach Alles, was und wie man verlangte, gab sein
Wort und zögerte nicht, eidliche Sicherheit zu leisten und erreichte auf
diese Weise, was er gewünscht. Also erhielt König Otto am nächsten
Sonntage vor [1]) dem Feste des heiligen Michael in der Kirche des
heiligen Petrus vor einer zahlreichen Versammlung von Klerus
und Volk die kaiserliche Weihe und wurde ruhmvoll gekrönt. Bis=
her ging Alles nach Wunsch, weiterhin kam Alles bei weitem an=
ders als man gehofft, wie das im menschlichen Leben sehr häufig
vorkommt. Verdunkelt ist das Gold, verändert die schönste Farbe[2].)
Denn der Kaiser vergaß allzu ungescheut nicht nur seines eigenen
Heils, sondern auch der menschlichen Wohlanständigkeit, hielt seine
Versprechungen nicht, brach sein Wort und fürchtete und schämte
sich nicht, zum Uebermaß seiner Schande meineidig zu werden.
Aber der Herr Papst zeigte sich doch nicht als Richter und indem
er den Vater vorkehrte, konnte er sich über den verirrten Sohn
nur betrüben, that, was er konnte, ermahnte, ertheilte Rath und
befahl ihm zuletzt unter Strafe des Bannes, wieder zur Vernunft
zu kommen. Endlich, da er [3]) auf väterliche Ermahnungen nicht
in sich ging, sondern von Tag zu Tag Größeres und Schlimmeres
wagte und nachdem kein naheliegendes Mittel unversucht war,
dann erst trennte er ihn, nicht ohne bitteren Schmerz, aber nach
gerechtem Urtheil als ein dürres und verdorbenes Glied von der
Gemeinschaft der Kirche. [4])

1210. Der Winter war hart, langwierig und sehr unerträglich,
so daß bejahrte Leute einstimmig bezeugten, daß eine so unmäßige

---

1) Ob am Sonntage vor oder am Sonntage nach Michaelis — 27. September, oder
4. October — oder an einem anderen Tage, darüber stimmen weder unsere Quellen, noch
die Ansichten der Geschichtsforscher überein. Winkelmann, Kaiser Otto IV. S. 496, ent=
scheidet sich für den 4. October. — 2) Klagelieder Jeremiä IV, 1. — 3) Der Kaiser. —
4) Die Excommunication erfolgte am 18. November 1210, theils wegen der gegen aus=
drückliches Versprechen von Otto unternommenen Angriffe auf die oben erwähnten Be=
sitzungen, theils wegen seines Vorgebens gegen Apulien und Sicilien.

Kälte ihres Gedenkens nicht gewesen sei. Sehr viele Menschen erlagen dem übermäßigen Frost, Vieh und Bienen gingen großen= theils zu Grund, Weinberge und alte Bäume litten so, daß sie bis zu den untersten Wurzeln dürr wurden.

1211. Nachdem im Verlaufe der Zeit unzählige Fälle von Krieg und Feindschaft mit Drangsal und Unheil aller Art unsere Harfe in Klage[1]) und unser Reigen in Trauer verkehrt[2]) hatten, ver= sammelten sich die Fürsten des Reiches, nämlich der König[3]) von Böhmen, die Erzbischöfe von Mainz und Magdeburg[4]), der Land= graf und der Markgraf[5]) von Meißen, in einer Stadt der öst= lichen Provinz, nämlich in Naumburg, zu einer Berathung.[6]) Da= selbst zogen sie die rohen Sitten des Kaisers in Betracht, welche nach ihrer Meinung sehr wenig für den kaiserlichen Hof paßten, daß er nämlich, kirchliche Würden nicht achtend, Erzbischöfe einfach und in beleidigender Weise Kleriker, Aebte, Mönche und ehrwür= dige Frauen Weiber nannte und, vom Geiste des Hochmuths ge= trieben, Alle, welche Gott zu ehren befohlen, verunehrte; und dem= zufolge mußte er nach Verlauf einer kurzen Zeit bemerken, daß seine Ehre auf eben diesem Fürstentage eine Einbuße und sein ganzes Glück einen Rückgang erlitten habe. Denn nachdem sie[7]) zu einem Entschluß gekommen waren, einigten und verbanden sie sich durch einen feierlichen Eid gegen den Vorzug und die Würde, welche Otto als König vor ihnen voraus hatte, und indem sie alle mögliche Sicherheit leisteten, versprachen sie zu kommen.[8]) Darauf gingen sie stillschweigend auseinander und blieben diese Beschlüsse den übrigen Fürsten verborgen, bis dieselben Verschwore= nen, in der Stadt Nürnberg versammelt, Otto laut einen Ketzer schalten, ihm öffentlich absagten und Friderich, den Sohn des

---

1) Buch Job XXX, 31. — 2) Klagelieder Jeremiä V, 15. — 3) Othaccar. — 4) Sigefrid und Adelbert. — 5) Dieterich. — 6) Die Zeit dieser ersten geheimen Zusam= menkunft läßt sich nicht genau bestimmen. Die großen Kölnischen Jahrbücher sprechen von einer Versammlung zu Bamberg, welche, da bei derselben eine Einigung nicht erzielt wurde, jener zu Naumburg wohl vorausging, und darf angenommen werden, daß zwei geheime Zusammenkünfte stattgehabt, welchen dann erst die von unserer Chronik weiter unten berichtete öffentliche Versammlung zu Nürnberg, für welche gleichfalls die nähere Zeitbestimmung fehlt, folgte. — 7) Die Fürsten. — 8) Nach Nürnberg.

Kaisers Heinrich, bereits früher von der Gesammtheit erwählt, als künftigen Kaiser erklärten.[1] Zu dieser Verschwörung waren die vorgenannten Fürsten durch apostolische, an Alle und an jeden Einzelnen gerichtete Schreiben ermuthigt, in welchen der Herr Papst den schon genannten Otto als aus anderen Gründen bereits excommunicirt erklärte, und nicht nur die Fürsten und Barone, sondern auch die Ministerialen des Reiches von der Treue gegen ihn entband, indem er ihnen vorhielt, daß sie Gott einen Dienst leisteten, wenn sie Otto, den Feind Gottes und der römischen Kirche, beharrlich verwerfen und sich Friderich, dem neu ernannten König, ergeben und treu erweisen würden. Das Gerücht verbreitet sich und schnell wird das Geschehene im ganzen Lande bekannt; es freuen sich Alle, welche Otto schon vorher abgeneigt waren, jene aber, welche auf seiner Seite standen und am meisten die Sachsen, wurden von geheimgehaltenem Schmerz und kundgegebener Entrüstung bewegt. Guncelin[2] aber, einer der Angesehensten vom Hofstaate Otto's und seinem Amte nach Truchseß, welchem eben dieser Otto als demjenigen, dessen Treue und Dienste er schon früher erprobt, nicht nur seine eigenen, sondern auch die öffentlichen Geschäfte des Reiches übertragen hatte, wozu ihn dringende Noth gezwungen, schickte sich an, den Unternehmungen der Fürsten, so gut er konnte, entgegen zu arbeiten. Er beeilte sich also, so schnell als möglich die königlichen Städte, nämlich Nordhausen und Mühlhausen, welche mit Mauern und Gräben genügend befestigt waren, mit einer Anzahl bewaffneter Leute zu besetzen, um von da aus den Landgrafen als Reichsfeind und als den Hervorragenden der Gegenpartei zu bekämpfen. Was auch so geschah. Denn der vorbenannte Guncelin vereinigte sich mit den Sachsen und warf sich nach Mühlhausen; von hier aus verheerte er die benachbarten Dörfer, oder er preßte ihnen Geld ab, wobei er ihnen Frist bis zu einem bestimmten Tage, wie sie eben sich mit ihm einigen konnten, gewährte. Mittlerweile besuchte derselbe Guncelin alle Barone

---

1) Friderich wurde sofort durch Abgesandte von den Fürsten aufgefordert, nach Deutschland zu kommen. — 2) Von Wolfenbüttel.

Thüringens, jeden einzelnen, und da er käufliche Hände fand, so
bewog und verleitete er sie durch vieles Geld, daß sie ihrem Erb-
herrn, dem Landgrafen nämlich, öffentlich absagten. Und so werden diejenigen offene Feinde, welche kurz vorher für Haus= und
Gefolgsleute gehalten wurden. Als Hauptanstifter und Schürer
dieses böslichen Abfalles vom Fürsten wurde Friderich, Graf von
Vichelingin, genannt, welcher dies um so mehr gegen Gebühr zu
thun schien, als er, wie Viele wußten, vor nicht ganz zwei Jahren
sich dem bereits genannten Fürsten für dreihundert Mark, welche er
von ihm empfangen, mit neuem und ausdrücklichem Versprechen
verpflichtet hatte, ihm gegen Jedermann, und ohne alle Ausnahme,
Hilfe zu gewähren und Heerfolge zu leisten. Und so vereinigten
sich die Barone Thüringens mit den Sachsen und verwüsteten die
Provinz, welche Niemand vertheidigte, indem sie friedliche Pächter
plünderten und ihre Häuser anzündeten. Unterdessen zögerte der
Landgraf nicht, seine Burgen, so viel er konnte, in Vertheidigungs=
zustand zu setzen. Darauf kamen Einige, welche nach einem
Gerüchte behaupteten, Otto habe schon das Gebiet von Deutschland
erreicht[1]), sammle in den Rheinlanden eine unendliche Menge
Truppen und sage, er wolle mit starker Mannschaft in's Thüringer
Land einrücken und allen Städten, Burgen und festen Plätzen des
Landgrafen scharf zusetzen.

1212. Otto kam[2]) nach Thüringen und belagerte und eroberte
mit jenem Dreiarm, der auch Tribock genannt wird[3]), die Burg
des Landgrafen in Salza.[4]) Aber in der Hoffnung, dieser geringe
Erfolg würde ihm alle Burgen des Landgrafen öffnen, schlug er
mit derselben starken Truppenzahl, welche auf zweitausend fünf=
hundert geschätzt wurde, vor den Thoren der, Weißensee genannten,
Stadt ein Lager. Unterdessen wurde zu Nordhausen für Otto mit
verschwenderischem Aufwand die Vorbereitungen zur Hochzeit ge=

---

1) Auf die Nachricht von den Vorgängen in Deutschland verließ Otto eilends Apulien, hielt sich aber den ganzen Winter in Mittel= und Ober=Italien auf und verließ
dasselbe erst gegen Ende Februar 1212. Am 20. März finden wir ihn urkundlich in
Frankfurt. — 2) Zur Erntezeit. — 3) Eine Wurfmaschine, welche damals zum ersten
Male in Anwendung kam. — 4) Langensalza, nördlich von Gotha.

troffen, welche, heiter und freudig begonnen, traurig endete. Denn
kurze Zeit nach gefeierter Hochzeit beschloß dieselbe Kaiserin, näm=
lich[1]) die Tochter König Philipps, zum Unglück für Otto ihre
Tage.[2]) Also bereitet der zu beklagende und betrübte Otto seiner
beweinenswerthen Gemahlin die Trauerfeier und wie er vor kur=
zem sich noch freute und bei hochzeitlicher und froh lärmender
Musik gleichsam im Triumph einherzog, so verzweifelte er darnach
und härmte sich ab bei den ernsteren und schmerzhafteren Leichen=
fackeln. Von da zur Belagerung zurückgekehrt fand er des Kam=
pfes Ueberdrüssige; das Glück, welches einen günstigen Erfolg ge=
logen, hatte sich in's Gegentheil verkehrt, so daß er nirgends Treue,
nirgends zuverlässige Hilfe fand. Jedoch unter Vermittelung des
Markgrafen von Meißen[3]) übergaben die Wenigen der feindlichen
Partei, da sie der Menge nicht widerstehen konnten, die Stadt in
die Hände des Königs unter der Bedingung, daß sie an der inne=
ren Burg das Schadhafte bis zu einem festgesetzten Zeitpunkt
ausbessern und sich dahin zurückziehen dürften, bis sie den Willen
ihres Fürsten, des Landgrafen, erfahren würden, ob er sich er=
geben und mit dem König vertragen wolle. Nachdem sie sich also
in die Burg zurückgezogen bereiteten sie sich, den Belagerern
Widerstand zu leisten. Der Landgraf aber, nachdem er den Ver=
trag und die Bedingung vernommen, gab den Belagerten, was im
Augenblick und bei der bedrängten Lage möglich war, und ver=
sprach ihnen reichliche Vergeltung für ihre Anstrengung. Als dies
Otto vernahm, murrte er, rühmte sich laut, daß eine Menge Strei=
ter zugegen seien, und nachdem jenes teuflische Werkzeug[4]) her=
gestellt war, warf er Steine von außerordentlicher Größe und
trachtete eifrig die Burg zu zerstören. Da mittlerweile die Bayern
und Schwaben gehört, daß ihre Erbherrin, die Kaiserin, die
Schuld des Fleisches schon entrichtet habe, so verließen sie in

---

1) Beatrix. — 2) Sie starb vier Tage nach der am 7. August gefeierten Hochzeit. —
3) Dieser hatte sich bereits am 20. März zu Frankfurt wieder mit Otto verbündet. —
4) Der Tribock.

heimlicher Flucht bei Nacht ihr Gepäck[1]) und kehrten, Otto in
Verlegenheit zurücklassend, nach Hause zurück. Auch die Uebrigen
kehrten aus Mangel an Vermögen, da sie von Otto nichts er=
hielten, nachdem sie Kleider und Waffen verbraucht, zu Fuß zurück,
und so getraute sich Otto mit seinem gelichteten Heere nicht mehr,
die Belagerung fortzusetzen, verließ die Burg und zog sich nach
Erfurt zurück.[2]) Nachdem dies so geschehen war und sich das
Gerücht von der Ankunft des Königs Friderich des Jüngeren ver=
breitete[3]), werden Burgen, größere und kleinere Städte geschmückt,
die Völker schließen sich demselben freudig an und gegen Otto er=
hebt sich ein Schrei, indem Einige behaupteten, König Friderich,
welcher schon vorlängst, als sein Vater noch gelebt, durch die
Wahl der Fürsten als solcher erklärt worden sei[4]), habe das
bessere Recht, besonders da der Papst so verfügt und ihm für die
Zukunft die kaiserliche Weihe versprochen habe.

1213. Der König von Böhmen und der Landgraf machen sich mit
den übrigen Baronen des Reiches zu dem Reichstage nach Frank=
furt auf, der ihnen von König Friderich auf das Erscheinungsfest
angesagt war[5]); daselbst wird der Landgraf gnädig empfangen.
Nach diesem aber, als der König von Frankreich[6]) mit einem
Segen von zwanzigtausend Mark dem König unter das Antlitz
kam, schlossen sie einen Vertrag miteinander, daß Jeder dem An=

---

1) Beziehungsweise das kaiserliche Lager. — 2) Otto hob die Belagerung wohl
vorzugsweise deßhalb auf, weil er die Nachricht erhielt, daß König Friderich im Anzuge sei.
Er zog demselben über Erfurt und Würzburg, wo wir ihn am 5. September finden, nach
Ueberlingen und Constanz entgegen. Hier war Friderich drei Stunden vor ihm ange=
kommen und aufgenommen, weßhalb ihm die Thore der Stadt verschlossen blieben. —
3) Friderich verließ, vom Papst und den deutschen Fürsten aufgefordert, Sicilien am
17. März, wurde zu Rom von Innocenz mit großer Feierlichkeit empfangen und begab
sich von hier zu Schiff nach Genua, wo er am 1. Mai ankam und bis Mitte Juli blieb.
Von den Genuesen und dem Markgrafen Wilhelm III. von Montferrat geleitet, gelangte
er nach Pavia und unter dem Schutze der Pavefer, Cremoneser und des Markgrafen
Azzo VI. von Este ins Thal von Trient, dann über das Hochgebirge nach Chur, von
wo ihn der Abt Ubalrich von Sanct Gallen nach Constanz führte. — 4) Im Jahre
1196. — 5) Von diesem Reichstage wissen die übrigen Quellen nichts. Friderich befand
sich um diese Zeit urkundlich in Hagenau. Dagegen berichten uns Reiner von Lüttich
und Hermann von Altaich, daß er Anfangs December 1212 zu Frankfurt nochmals als
König erwählt worden sei. — 6) Philipp II. August.

dern in der Bedrängniß beistehen solle.[1]) Da demnach der König
der Römer[2]) vom Bischof[3]) von Speyer befragt wurde, an wel=
chen Orten das Geld aufzubewahren sei, antwortete er, „jenes
Geld, oder jedes beliebige andere sei keineswegs aufzubewahren,
sondern unter die Fürsten des Reiches zu vertheilen." Daher er=
hebt sich, nachdem man die glänzende Freigebigkeit des Königs
vernommen, ein allgemeiner Ruf zu seinen Gunsten. Die Her=
zoge[4]) von Zäringen und[5]) von Oesterreich schicken sich gleich=
mäßig an, ihm zu huldigen und erhitzen sich sehr gegen Otto.

Am 1. September, da die Nacht des Sonntags war, er=
eignete sich in Erfurt eine große Feuersbrunst.

1214. Der jüngere König wird mit gebührender Gunst anerkannt,
indessen bilden sich doch verschiedene und auseinandergehende An=
sichten. Einige sagten, er sei nicht der, den Kaiser Heinrich ge=
zeugt, sondern der Sohn eines gewissen Merboto, eines Beamten
des apostolischen Hofes, und werde ganz und gar nicht König wer=
den. Während dies unheilvolle Gerede durch Vieler Mund geht,
siehe, da erscheint eben dieser jüngere König mit einer schweren
Menge Schwaben, Bayern und Böhmen als Sieger über die
feindliche Partei[6]) und beweist durch sein edles Benehmen den
Adel seines Geschlechtes. Darauf wird ein Hoftag zu Merseburg
angesagt[7]), wegen Kürze der Zeit aber mit Wenigen abgehalten.
Nach diesem zogen die Böhmen nach Sachsen und kehrten, schwer mit
Beute beladen, nach Hause zurück. Aber der erhabene König Friderich
und der König von Frankreich ziehen im nächsten Sommer gegen
die Bewohner der Rheingegend und die Anhänger Otto's, und

---

1) Dies geschah im November 1212. Am 18. hatte Ludewig, der Sohn des Königs
Philipp August — nicht dieser selbst — zu Baucouleurs, südwestlich von Toul, eine Unter=
redung mit Friderich, welcher dann des andern Tages zu Toul der förmliche Abschluß
eines gegen Kaiser Otto und König Johann von England gerichteten Bündnisses folgte.
— 2) Friderich. — 3) Cunrad. — 4) Berchtold V. — 5) Lupold VI. — 6) Friderichs
Partei hatte sich von seinem ersten Erscheinen auf deutschem Boden im September 1212
fortwährend verstärkt. — 7) Dieser Tag wurde bereits im October 1213 abgehalten und
mögen die Böhmen, welche bis dahin Friderich in seinem Kampfe gegen Otto unter=
stützt, nach demselben und beim Herannahen des Winters den Marsch in die Heimath
angetreten haben.

der König von Frankreich schlug Otto in die Flucht [1]), umringte viele seiner Edlen auf dem Schlachtfelde und führte sie gefangen fort. Von da an schwand das Glück Otto's, vom höchsten Gipfel herabgesunken, unglaublich und ohne Aussicht auf Besserung. Als er darnach sah, daß sich der Stand seiner Angelegenheiten verändert habe, begab er sich nach Köln. Da aber seine Gemahlin, die Tochter des Brabantiners [2]), eine bekannte Spielerin, von verschiede= nen Spielen her mit sehr vielen Schulden belastet war und da Otto selbst endlose Rechnungen schuldete und sich kein Ausweg fand, auch kein Vermögen vorhanden war, um daraus zu bezah= len, so rief die Kaiserin auf den Rath Otto's die Kölner zusam= men und nachdem sie von ihnen die Erlaubniß, auszugehen, erhalten, ergriff sie die Flucht; ihr folgte der Kaiser am andern Tage unter dem Schein als wolle er jagen, und indem er seinen Gläubigern nichts ersetzte, vergalt er die ihm erwiesene Gunst mit Undank. Deshalb waren die Kölner heftig über ihn erzürnt, fielen gänzlich von ihm ab und wendeten sich Friderich zu [3]). Bald wurde auch jene königliche Burg Trifels und jene, welche Landskron heißt, zuerst von König Philipp errichtet [4]), der Gewalt des Königs Friderich unterworfen. Zu dieser Zeit erweckte der Herr selbst den Geist eines vollkommenen Mannes, indem er ihm offenbarte, daß das heilige Land im nächsten Lustrum, das ist in den nächsten fünf

---

1) Bei Bonvines an der Marque, südwestlich von Tournay. Das zu Toul zwischen den Königen Friderich und Philipp August abgeschlossene Bündniß, seine Verwandtschaft mit König Johann und persönlicher Haß gegen den König von Frankreich hatten den Kaiser bestimmt, sich auf die Bitte der Grafen Ferdinand von Flandern und Rainald von Boulogne an dem Kriege Englands gegen Frankreich zu betheiligen. Die Schlacht wurde am 27. Juli geschlagen, während König Friderich noch an der Mosel stand, und endete nach mehrstündigem Kampfe, in welchem Philipp August vom Pferde gerissen und dem Kaiser ein Pferd unter dem Leibe getödtet wurde, mit einer gänzlichen Niederlage der Verbündeten. Von einer weiteren Betheiligung Otto's an dem englisch=französischen Kriege ist nicht ferner die Rede. — 2) Maria, die Tochter Herzog Heinrichs von Bra= bant. Otto, schon vor seiner Vermählung mit Beatrix mit ihr verlobt, verlobte sich ihr auf's Neue am 19. Mai 1214 und feierte hierauf zu Aachen die Hochzeit. Was unsere Chronik von der Flucht des kaiserlichen Ehepaares erzählt, gehört ins Jahr 1215. — 3) Dies geschah erst am 4. August 1215. Bis dahin hatte sich Kaiser Otto noch in Köln gehalten und verließ die Stadt erst, als König Friderich — am 25. Juli zu Aachen gekrönt — im Anmarsch gegen dieselbe war. — 4) Während der Belagerung von Köln im Jahre 1206 auf einem Berge beim Ausflusse der Ahr in den Rhein erbaut.

Jahren, samt seinen Gefangenen vom Joche der Saracenen zu befreien wäre. Deshalb schickte der Herr Papst Innocenz Briefe an die gesammte Christenheit[1]), ordnete Predigten an und überwies dem Magister Conrad von Marburg zu diesem Geschäfte Deutschland.

1215. Papst Innocenz erließ, um die Stärke der Kirche kennen zu lernen, kraft seiner apostolischen Würde in alle, auch die entferntesten Weltgegenden Sendschreiben[2]) und verkündete auf das Bestimmteste, daß wer immer von den Erzbischöfen, Bischöfen, Aebten, Pröpsten und sonstigen geistlichen Würdenträgern dem Rufe zu dem am Feste Allerheiligen im Lateran abzuhaltenden allgemeinen Concil[3]) keine Folge leiste, nicht zweifeln dürfe, daß ihn das apostolische Schwert mit kirchlichen Censuren treffen würde. Siehe, das Netz Petri, in ein großes und weites Meer ausgeworfen, giebt die Kleinen mit den Großen heraus, zieht Tausende von Tausenden; jedoch wenn man die Erzbischöfe zählen wollte, so könne ihre große An=zahl selbst durch sorgfältige Berechnung nicht bestimmt werden.[4]) Ja in dem Gedränge der Menge hauchten Bischöfe, Aebte und viele Andere den letzten Athemzug während des Concils aus[5]), um nicht dem Papst, sondern Gott Rechenschaft zu geben über Alles, was sie in diesem Leben gethan. Daselbst sprach er[6]) nach vorausgegangener Ermahnung in einer wohlgesetzten Rede über Glaube, Hoffnung und Liebe. Sodann erklärte er öffentlich Fri=derich als zukünftigen Kaiser, machte bekannt, daß jede Kirche ihre Rechte beibehalten solle, unterwarf den König von England[7]) und andere Könige seinem Apostolate und traf kirchliche Einrichtungen. Mit diesen und anderen Anordnungen beschloß er sein Concil und

---

1) Bereits im Frühjahre 1213. — 2) Auch diese Sendschreiben ergiengen schon in den Jahren 1213 und 1214. — 3) Das Concil begann am 11. und endete am 30. No=vember und fanden während dieser Zeit drei Sitzungen unter Vorsitz des Papstes statt. — 4) Es waren erschienen: ungefähr siebzig Erzbischöfe, über vierhundert Bischöfe und über achthundert Aebte. — 5) Beim Einzuge in den Lateran soll Erzbischof Matthäus von Amalfi im Gedränge erdrückt worden sein. — 6) Der Papst. — 7) König Johann hatte im Jahre 1213 auf die Nachricht, daß König Philipp August eine Landung in England vorbereite, sein Reich dem Papste zu Lehen aufgetragen, um sich denselben wie=der geneigt zu machen und sich seines Schutzes zu versichern. Unter den „anderen Kö=nigen" ist wohl zunächst Friderich als König von Sicilien zu verstehen, welches, wie bereits früher erwähnt, gleichfalls vom heiligen Stuhle zu Lehen ging.

hielt sich für seine Mühe dadurch belohnt, daß er mehr als alle seine Vorgänger eine so zahlreiche Menge des Klerus zu seinem apostolischen Stuhl gerufen hatte. Balddarauf, nämlich im achtzehnten Jahre seines Pontificates, starb er [1]) und hinterließ nicht Seines= gleichen in Beziehung auf Wissenschaft, Beredsamkeit, Kenntniß der Verordnungen und Gesetze und Schärfe des Urtheils und ist ihm bis jetzt noch Keiner gefolgt. Nach diesem sucht der vor= genannte Kaiser Otto noch einmal seine Macht wieder zu erlangen und unternimmt es, die Gunst der Fürsten durch Geld zu gewin= nen, insbesondere den Landgrafen sich zu verbinden. Obgleich derselbe Landgraf Hermann sich in Folge langwieriger Krankheit dem Tode nahe fühlt, so bricht er doch in der Aussicht auf Geld zu ihm auf; allein der Tod ereilt ihn und vereitelt plötzlich den Wunsch beider, nämlich des gebenden und des nehmenden. Als der Abt [2]) von Reinhardsbrunn Anstalten machte, seinen Leichnam mit sich zu nehmen und in der Gruft seiner Vorfahren zu be= statten, verbot dies die Landgräfin S. [3]), die Wittwe des verstor= ben Fürsten, befahl, seinen Leib von der Stadt Gotha, wo er ge= storben, nach Eisenach zu bringen und bestattete ihn am 26. April[4]) feierlich in der Capelle der heiligen Katharina, welche der Fürst selbst errichtet hatte.

---

1) Am 10. Juli 1216. — 2) Elharb. — 3) Sophie von Wittelsbach, Tochter des 1183 verstorbenen Herzogs Otto. — 4) Da Landgraf Hermann im April starb, Kaiser Otto aber sich im April 1215 noch in Aachen und in schlechten Geldverhältnissen be= fand, so sind die Verhandlungen beider und der Tod des Landgrafen jedenfalls in einem späteren Jahre erfolgt.

Register.

Die
Geschichtschreiber der deutschen Vorzeit.

Herausgegeben
von
W. Wattenbach.

Verzeichniß
der bis jetzt erschienenen Lieferungen.

Bei Abnahme von 10 divers. Lieferungen auf einmal oder von 10 Exempl. einer Lieferung ist jede Sortimentsbuchhandlung in den Stand gesetzt, einen Nachlaß von 5 %, bei Abnahme von 20 Lieferungen und darüber einen solchen von 10 % zu gewähren. Die ganze vorstehende Sammlung, Lieferung 1 bis 62, wird gegen baare Zahlung anstatt zu 104 Mark

für 88 Mark

geliefert.

Leipzig.

Franz Duncker.